그들은 책 어디에 밑줄을 긋는가

一流の人は、本のどこに線を引いているのか
土井英司 著
サンマーク出版 刊
2016

ICHIRYUNO HITOWA HONNO DOKONI SENWO HIITEIRUNOKA
by Eiji Doi
Original Japanese edition published by Sunmark Publishing, Inc., Tokyo

그들은 책 어디에 밑줄을 긋는가

고수들의 미니멀 독서법

도이 에이지 지음 ─ 이자영 옮김

비즈니스북스

그들은 책 어디에 밑줄을 긋는가

1판 1쇄 발행 2017년 11월 25일
1판 6쇄 발행 2025년 2월 19일

지은이 | 도이 에이지
옮긴이 | 이자영
발행인 | 홍영태
편집인 | 김미란
발행처 | (주)비즈니스북스
등 록 | 제2000-000225호(2000년 2월 28일)
주 소 | 03991 서울시 마포구 월드컵북로6길 3 이노베이스빌딩 7층
전 화 | (02)338-9449
팩 스 | (02)338-6543
대표메일 | bb@businessbooks.co.kr
홈페이지 | http://www.businessbooks.co.kr
블로그 | http://blog.naver.com/biz_books
페이스북 | thebizbooks
인스타그램 | bizbooks_kr
ISBN 979-11-86805-91-6 03190

비즈니스북스는 독자 여러분의 소중한 아이디어와 원고 투고를 기다리고 있습니다.
원고가 있으신 분은 ms1@businessbooks.co.kr로 간단한 개요와 취지, 연락처 등을 보내 주세요.

인생은 하나의 밑줄로
움직이기 시작한다

우리가 책 한 권에 그은 '하나의 밑줄'이 때로는 혁신적인 아이디어의 시작이 되기도 하고 인생을 완전히 바꿔버릴 정도의 영향을 미치기도 한다. 지금껏 내게 가장 큰 영향을 미친 한 줄은, 정보화에 대해 예언해 온 민속학자 우메사오 다다오梅棹忠夫의 책《정보의 문명학》情報の文明学에 있다.

"정보화 시대에는 정보 비평가나 해설자가 반드시 있어야 한다."

출판 마케팅 컨설턴트 그리고 경제경영서의 서평가로서 내가 하는 일은 궁극적으로는 이 한 줄로 응축할 수 있다. 이것 말고도 많

은 줄들이 떠오른다. 맥도날드를 창업한 레이 크록의 자서전 《로켓 CEO》Grinding it out에 그은 밑줄은 부동산 투자의 중요성을 가르쳐 주었다. 칸다 마사노리神田昌典의 《일의 힌트》仕事のヒント에 그은 밑줄에서 아이디어를 얻어 나의 비즈니스는 지금까지 수억 원 단위의 수익을 올리고 있다.

세계적인 경영자들 역시 한 권의 책에 그은 밑줄에서 영감을 얻었다.

"그는 먼 길을 지나 이 푸른 잔디밭에 이르렀다. 그리고 그의 꿈은 너무나 가까이 다가와 있어서 그걸 놓치는 일은 거의 있을 수 없어 보였다." 소설가 스콧 피츠제럴드의 《위대한 개츠비》The great gatsby에 나오는 문장이다. 빌 게이츠는 이 책을 여러 번 반복해서 읽었고, 위 문구를 자택 서재 천장에 새겨 두었다고 한다. 《위대한 개츠비》를 수차례 읽고 또 읽다 보니, 이 소설이 자신만의 생각에서 벗어나 다른 사람의 생각으로 안내해 준다고 말했다.

유니클로 야나이 다다시 회장의 한 줄은 맥도날드 창업가 레이 크록의 《로켓 CEO》에서 찾을 수 있다. "푸르고 미숙하기 때문에 성장할 수 있다. 성숙하는 순간 부패가 시작된다. 과감하게, 남들보다 먼저, 뭔가 다르게 하라. 세상 어떤 것도 끈기를 대신할 수는 없다."

야나이 다다시는 20대 초반 아버지에게서 시골 양복점을 물려받아 운영하다가, 1984년 유니클로 1호점을 시작하여 현재 약 20조 매출을 올리는 기업으로 성장시킨 인물이다. 그는 유니클로 초창기, 레이 크록에게 영감을 받아 맥도날드 시스템을 연구했고 이를 유니클로에 적용했다.

나는 이 책을 쓰던 중에 고급 슈퍼마켓 '세이조 이시이'成城石井의 창업가 이시이 요시아키石井良明의 《세이조 이시이 창업》成城石井の創業을 읽었다. 이 책에는 도쿄 에비스역 건물 아도레 에비스에 출점할 때의 전략이 담겨 있다. 식료품점이 많은 지역 특성을 고려해 '전문가용' 매장이라는 차별점을 내세웠고, 전문가를 위한 식재료와 조미료를 구비했다는 내용이었다. '전문가용'이라는 단어가 새로운 의미를 부여한 셈이다.

내 비즈니스에서의 차별점은 무엇일까? 신규사업? 신규 라인업? 아니면…. 머리가 빙글빙글 돌기 시작한다. 내게 10억 원 정도의 가치가 있으며, 읽는 사람에 따라서는 몇백 억 또는 몇천 억의 가치가 있을 수도 있는 문장.

책에 그은 하나의 밑줄이 아직은 눈에 보이지 않는 비즈니스의 열쇠를 쥐고 있다. 나는 매일 빨간 펜을 들고 책에 밑줄을 긋고 내 것으로 만들고, 디지털 잡지 《비즈니스 북 마라톤》(이하 《BBM》)을 발행해 독자들에게 계속 보내고 있다.

글자 수가 많지 않은 책이라 해도 책 한 권에는 몇천 줄의 문장이 있다. 단 하나의 밑줄이라도 그을 수 있다면 책값을 충분히 회수하고도 남는 성과를 올릴 수 있다.

나는 지금까지 경제경영서를 2만 권 남짓 읽었다. 이런 경험을 통해 책 한 권에 100개의 밑줄을 긋는 것보다 100권의 책에서 하나의 밑줄을 발견하는 것이 현실적이며 얻는 것도 많다는 사실을 깨달았다.

이 책에는 그간 수없이 많은 경제경영서 속에서 밑줄 그을 만한 한 줄을 어떻게 찾아냈으며, 거기서 무엇을 흡수하고, 어떻게 행동으로 옮겼는지가 담겨 있다. 이를 통해 독자들이 자신을 위한 한 줄의 선, 하나의 밑줄을 그을 수 있도록 도울 것이다.

차례

제1장

독서에 대한 오해와 진실
우리는 그동안 잘못된 방식으로 책을 읽어 왔다

독서에 대한
오해와 진실

우리는 그동안 잘못된 방식으로 책을 읽어 왔다

일러두기

· 저자가 소개하는 책제목 중 국내 번역 출간 도서는 한국어판 제목과 원제를 병기
  했고, 미출간 도서는 일본어판 제목을 직역하고 원어를 병기했다.
· 부록에 나오는 책 속의 문장은 국내 번역 출간 도서의 경우 한국어판을 기준으로,
  미출간 도서의 경우 일본어판을 기준으로 하였다.

필요한 하나를 얻으면
다 버려도 괜찮다

나에게 가치 있는 한 줄과 만나기 위해서는 먼저 좋은 책과 만나야 한다. 좋은 책은 무작정 만나지는 것이 아니므로, 좋은 책과 만날 확률을 높이는 요령이 필요하다.

중요한 건 재미가 아니라 가치다

읽을 가치가 있는 책과 읽을 가치가 없는 책은 어떻게 가려낼까?

이때 전제해야 할 사실이 하나 있다. 책의 재미 여부는 당신의 비즈니스와 아무런 관계가 없다는 사실이다. 책은 내용 자체를 즐기기 위한 도구가 아니라 인생을 즐기기 위한 도구다. 특히 실질적인 해법을 얻어 행동으로 옮기려는 목적을 갖고 읽는 이 책이 그렇다.

즐기기 위해 책을 읽는 것이 아니라 재미를 느낄 만한 세계를 넓히기 위해 책을 읽는다. 그래서 내용이 재미있고, 없고는 중요하지 않다. 문제는 재미가 아니다.

자신의 세계를 넓히는 가장 좋은 방법은 훌륭한 사람의 이야기를 직접 듣는 것이다. 건축가 안도 다다오는 복싱 선수의 꿈을 키우던 중학생 무렵, 자신의 집을 2층으로 증축하는 일을 하던 젊은 목수의 모습을 보고 건축에 재미를 느꼈다고 한다. 이런 이야기를 그에게 직접 들으면 가장 좋겠지만, 대부분의 사람은 그럴 수 없다. 그렇기 때문에 안도 다다오가 쓴 《안도 다다오 일을 만들다》安藤忠雄 仕事をつくる를 통해 유사 체험을 한다.

안도 다다오가 건축에 재미를 느끼게 만든 그 목수는 분명 재미있게 일을 했을 것이다. 적성에 맞는 일을, 해야 할 장소에서 제대로 하고 있는 사람은 일도 잘할 뿐 아니라 사회를 윤택하게 만든다. 거기서 그치지 않고 그 모습이 보는 사람의 가슴에도 영향을 준다. '나도 저런 일을 하고 싶다'는 열망을 품게 만드는 것이다.

만약 누군가가 책을 읽고 난 후 감상을 물었을 때 재미있다, 재미

없다로 답을 하고 있다면 주의가 필요하다. 책의 감상을 말할 때에는 책에서 무엇을 느꼈는지, 자신의 세계를 넓히는 데 어떤 도움을 받을 수 있을지에 대해 이야기해야 한다. 이런 대답을 하지 못하는가? 그렇다면 고민해 볼 일이다. 당신의 목적의식이 불분명해서일까? 아니면 그 책이 가치가 없어서일까?

'서평'을 쓰기 위해 책을 읽는 것이 아니다

책을 읽으면 꼭 '서평'을 쓰려는 사람이 있다. 서평 자체가 나쁜 것은 아니다. 나도 서평 쓰는 일을 생업으로 하고 있다. 문제는 서평의 내용이다. 책을 읽는 사람은 책에서 필요한 부분을 추려내 자기 것으로 만드는 작업을 해야지, 단지 내용을 요약해 적는 것은 무의미하다.

나는 서평을 쓸 때 내가 이 책을 통해 무엇을 얻었는가를 설명한다. 책의 내용이 아니라 나의 변화에 대해 쓴다. 지금의 나는 부족한 부분이 있고, 그 부분을 채우기 위해 독서를 하기 때문이다.

그에 반해, 나를 위해서가 아니라 '서평'을 쓰기 위해 책을 읽기 시작하면 이상한 일이 벌어진다. 이런 '서평'에는 '나'는 없고, 오직 책 내용만이 요약 설명되어 있을 뿐이다. 요약을 잘하는 능력은 사람들에게 책을 소개할 때에는 유용하지만, 당신은 내용을 요약하기 위해 책을 읽는 것이 아니다. 독자가 저자와 똑같은 주장을 해봤자 무슨 의미인가. 적어도 서평을 쓴 본인에게는 그다지 도움이 되지 않는다.

서평이나 독서 감상문을 쓸 필요는 없다. 단 한 줄이라도 좋으니 내게 도움이 되는 문장에 밑줄을 긋고, 그 한 줄이 몸에 배게 하자. 그러면 그 책은 내게 가치 있는 한 권의 책이 된다.

'처음부터 끝까지 다 읽어야 한다'는 병

책을 처음부터 끝까지 다 읽어야 한다고 생각하는 사람이 많다. 하지만 책은 처음부터 끝까지 다 읽지 않아도 된다. 피터 드러커의 《피터 드러커-매니지먼트》Management를 본 적이 있는 사람은 그 책의 두께를 한번 떠올려 보자. 내용을 축약한 《매니지먼트 에센스판》マネジメント エッセンシャル版도 빽빽한 글씨로 320페이지나 된다. 같은 출판사에서 출간한 《드러커 명저집》ドラッカー名著集의 완전판은 3권 합쳐서 1,000페이지가 넘는다.

우리가 이 책을 처음부터 끝까지 다 읽어야 할까? 절대 그렇지 않다. 《피터 드러커-매니지먼트》와 같은 책은 해당 분야의 전반적인 내용을 전부 다루고 있다. 그렇기 때문에 한 번에 다 읽을 필요가 없다. 궁금한 내용이 있다면 사전 찾듯이 필요한 부분만 찾아 읽고, 몇 군데 밑줄을 치면 된다. 얼마 안 돼 또 다른 부분이 궁금해질지도 모른다. 그러면 그때 다시 책을 펼쳐 보면 된다.

애초 한 명의 저자에게서 모든 것을 다 배우려는 생각 자체가 비합리적일뿐더러, 동기를 계속 부여하기도 어렵다. 처음부터 끝까지 다 읽는 '전체 연습'보다는 지금 필요한 부분만을 읽는 '부분 연습'을 해야 한다. 이 이야기는 제3장에서 좀더 자세히 다룰 것이다.

책은 읽는 사람이 거기서 무엇을 발견하느냐에 따라 책값 이상의 가치를 지닌다. 책의 일부만을 읽고 책값의 몇만 배나 되는 실적을 올린 사람이 있어 소개하려 한다.

예전에 나는 《성공 독서술》成功読書術이라는 책을 썼는데, 이 책의 독자에게 감사 인사를 받은 적이 있다. 일본 주식투자의 전설이라 불리는 고레가와 긴조是川銀蔵의 일화에서 찾아낸 주요 아이디어를 이 책에 소개했다. 그 독자는 그중 '경기 순환과 철강 생산의 타임래그가 철강주의 움직임에 어떻게 나타나는가'를 다룬 법칙에서 힌트를 얻어 돈을 아주 많이 벌었다고 했다. 이보다 더 기쁜 일이 있을까?

만약 그 사람이 《성공 독서술》을 처음부터 끝까지 다 읽고 별로 얻은 것이 없었다고 해보자. 그렇다고 해서 "이봐요, 하나도 도움이 안 되잖아요!"라고 비판할까? 그렇지는 않다.

처음부터 끝까지 스토리가 이어지는 소설은 중간에 어느 한 부분이 부실하면 전체 이야기가 재미없어진다. 하지만 경제경영서는 다르다. 단 한 부분이라도 도움이 된다면 나머지는 쓸모없는 내용이라도 괜찮다. 1승을 했다면 나머지는 전부 져도 괜찮다. '1승 99패'면 되는 것이다. 경제경영서를 읽는 일은 다이아몬드를 캐는 작업과 같다. 다이아몬드가 한 조각 있다면 나머지는 필요 없다.

지금 나에게 도움이 되는 부분만 읽으면 된다. 책 한 권을 처음부터 끝까지 다 읽어야 한다는 강박을 버려라.

좋아하는 것,
좋아 보이는 것의 위험

경제경영서 독서에는 몇 가지 함정이 있다. 그중 하나가 좋아하는 저자, 나와 가치관이 맞는 저자의 책만을 읽으며 편식하게 된다는 점이다.

좋아하는 저자의 책만 읽지 마라

소설이라면 좋아하는 작가의 책만 읽어도 아무 문제가 없다. 하지만 경제경영서는 다르다. 경제경영서를 읽는 일은 '소비'가 아니라 '투자'다. 나를 기분 좋게 만들어 주는 저자의 책만 읽어서는 강해질 수 없다.

나와 가치관이 맞지 않을 것 같은 저자의 성공 법칙, 잘 모르는 분야의 노하우 등은 확실히 거부감이 든다. 혹은 '어차피 나는 해도 안 될 텐데'라는 마음이 생기곤 한다.

예를 들어 내가 소비재 기업을 운영하는 경영자의 책을 읽었다고 해보자. 책에 밑줄을 긋고 어떤 영향이나 자극을 받았다고 해도 '나한테 소비재 비즈니스는 안 맞다'는 생각은 여전히 든다. 고객 심리도 판매율을 높이는 구조도 이해는 되지만 실행하기는 어렵다. 하지만 관점을 바꿔 달리 생각해 볼 수도 있다.

책을 통해 나와 가치관이 맞지 않는 사람이 생각한 내용에 쉽게 접근할 수 있다는 데서 가치와 매력을 느낄 수 있다. 나는 절대로 할 수 없는 일, 나와 맞지 않는 일을 알게 되면 내가 무엇을 보완해야 할지, 다른 사람에게 무엇을 부탁하면 되는지가 명확해진다. 특히 자신이 모르는 분야에 필요한 사람을 면접하고, 적임자를 채용해서 적재적소에 배치하는 등 인재관리를 해야 할 경영자라면 이는 더욱 중요하다.

좋아하는 책만 읽는 것은 좋아하는 음식만 먹는 것과 비슷하다. 결국 편식으로 균형이 깨져 건강을 해치고 만다. 좋아하는 정보는 저절로 내 안으로 들어오게 되어 있다. 싫어하는 정보, 나와 가치관이 맞지 않는 책을 오히려 의식해서 읽는 편이 낫다. 그러면 다양한 세상이 보일 것이다.

왠지 불편하고 낯선 문장에 밑줄을 그어야 하는 이유

이 책에서는 '책 어디에 밑줄을 긋고, 나의 양식으로 만들어 가는가'에 대해서 하나씩 다루겠지만, 여기서는 우선 '밑줄을 쳐서는 안 되는 부분'에 대해 이야기하고 싶다. 바로 '맞아, 내가 생각한 그대로야'라는 느낌이 드는 부분에 줄을 그어서는 안 된다.

왜 안 되는지 의문이 생길 것이다. 내 생각이나 신념을 뒷받침해 주는 문장을 읽으면 기분이 좋아지고, 신나게 밑줄을 긋고 싶어진다. 하지만 그런 마음과 행위는 그저 단순한 '자아도취'일 뿐이다. 특히 '명언집'을 좋아하는 사람들이 이런 경향을 보인다.

내가 '옳다'는 사실을 확인해 봤자 힘을 키울 수 있는 양식이 되지는 않는다. 오히려 새로운 생각이나 노하우를 받아들이지 못하는 편협함에 자신을 가둘 위험이 있다. 반대로 읽었을 때는 다소 거부감이 들지만 어딘지 모르게 신경 쓰이는 문장이 있다. 이런 문장과 만났을 때에는 두 눈 딱 감고 밑줄을 그어 보기 바란다.

밑줄은 그었을 때에는 별로 도움이 되지 않더라도 나중에 다시 읽었을 때에는 결정적인 한 줄이 되어 있을지도 모른다. 새로운 발견이나 도움이 되는 부분, 그리고 내 생각과 '다른' 부분에 밑줄을 그었을 때 그 깨달음이 성장의 양식이 된다.

저자의 '거짓말'과 '좋은 이야기'에 줄을 긋는 선량한 사람

책에는 일정 부분 저자의 '거짓말'과 '허세'가 섞여 있다. 물론, 거짓말을 하겠다고 작정하고 글을 쓰는 작가는 없다. 쓰다 보니 자신도 모르게 무의식적으로 거짓말을 하고, 허세를 부리는 것이다.

오해를 무릅쓰고 이야기하자면 '자기고백' 류의 책은 대체로 거짓말일 가능성이 높다. 이런 책에는 숫자와 같은 객관적인 데이터, 확실한 증거, 구체적이고 박진감 넘치는 에피소드, 제3자의 증언 등이 없다. 이처럼 신빙성을 검증할 수 있는 내용이 아닌 이상, 자기고백에 지나지 않는 내용이라고 받아들이든가 모두 무시해도 된다고 생각한다.

저자는 어떤 면에선가 성공을 했기 때문에 책을 썼을 것이다. 가끔은 성공한 이야기조차 의심스러운 책도 있지만, 어쨌든 성공한 사실 자체를 의심할 필요는 없다. 중요한 것은 '어떻게 성공했는가'

이고, 독자는 그 이유를 알고 싶어 책을 읽는다. 그런데 자신의 성공 요인을 객관적으로 설명하지 못하는 책이나 모호한 말만 늘어놓는 책이라면 딱히 권하고 싶지 않다. 그런 책이라면 저자가 아무리 성공한 사람이라 해도 밑줄을 그을 필요가 없다.

출판사나 편집자는 자기고백만 늘어놓는 책이라 해도 마치 읽어야 할 가치가 있는 책처럼 보이도록 포장하고 제목을 붙인다. 왠지 사고 싶은 마음이 들도록 감각을 자극하는 디자인으로 표지를 만든다. 이런 상술에 넘어가서는 안 된다.

그리고 읽고 나서 '좋은 이야기', '감동적인 이야기'라는 생각이 드는 내용은 그다지 중요하게 여기지 않는 편이 낫다. 물론 나도 신뢰할 수 있는 '좋은 이야기'를 읽으면 감탄하고 감동한다. 가끔은 그런 부분에 밑줄을 긋고, 저자가 틀림없이 멋진 사람일 거라는 생각도 한다. 이 자체가 나쁜 것은 아니며, 좋은 이야기는 '마음의 양식'이 된다.

하지만 좋은 이야기가 당신의 비즈니스와는 아무런 관계가 없다는 사실을 알아두어야 한다. 우리가 알고 싶은 이야기는 감동적인 문구가 아니라, 저자가 어떻게 비즈니스를 성공시켰고 어떤 선택과 행동을 했는가 하는 점이다.

소비하는 책 읽기,
투자하는 책 읽기

어린 시절의 나는 분야를 가리지
않고 책을 읽었다. 그랬던 사람이 지금은 왜 경제경영서를 중심으
로 책을 읽게 되었을까?

경제경영서 읽기는 투자다

내가 경제경영서를 읽게 된 이유는 내가 좋아하는 책으로 일본

의 생산성 향상에 공헌하고 싶기 때문이다. 어린 시절 서점에서 책을 읽는 것이 취미였던 나는 그 무렵 외교부나 국제연합 같은 국제기관에서 일하는 것이 꿈이었다. 개발도상국의 가난한 아이들을 구하고 싶었다. 꿈을 이루기 위한 공부가 하고 싶어져 게이오기주쿠대학 쇼난 후지사와 캠퍼스 종합정책학부에 들어갔고 외국어로는 영어와 프랑스어를 배웠다.

그런데 도쿄에 살기 시작하면서 새로운 사실을 깨달았다. 선진국의 풍족한 도시인 도쿄에 살고 있는 사람들에게는 개발도상국의 아이들과는 다른 의미의 '굶주림'이 있었다. 공허한 마음이 채워지지 않는 것이다. 당시는 거품경제의 붕괴와 그 후 오래도록 이어질 불황의 시대로 들어서고 있었고, 이런 현실이 모든 이들의 마음에 그림자를 만들고 있었다. 이런 시대 배경에 영향을 받아 정신이나 마음을 다독이는 아이템이 잘 팔리고 코미디가 유행하는 현상이 퍼져 나갔다.

만약 개발도상국의 사람들이 배를 채운다고 해도 그다음에는 결국 마음의 기아가 기다리고 있지 않을까? 그렇다면 일본에서 태어나고 자란 나는 한발 앞으로 가서 마음의 굶주림을 해결하는 일을 해야 하지 않을까? 이런 생각 끝에 '엔터테인먼트'야말로 마음의 기아를 치유하는 수단이 되리라는 생각에 이르렀다.

대학을 졸업할 때쯤 나는 그리스로 유학을 갔고 고대 그리스의 비희극 悲喜劇을 공부했다. 그리고 졸업 후에는 일본 엔터테인먼트 산업의 대표라 할 수 있는 '세가 엔터프라이제스'에 입사했다. 하지만 그리스는 결국 쇠퇴했고, 운영에 관여했던 세가의 게임센터는 사람들의 마음을 구하고 있는 것처럼 보이지 않았다.

나는 그때 '원인'과 '결과'를 잘못 이해하고 있었다. 일이 잘 안 풀린다. 인생이 괴롭다. 즐겁지 않다. 그 결과 인간은 음주나 도박을 할 때와 같은 목적으로 엔터테인먼트에 잠깐의 구원을 바란다. 그러기에 엔터테인먼트 자체는 결국 '결과'일 수밖에 없다는 사실을 그제서야 깨달았다. 엔터테인먼트를 원한다는 결과의 원인은 '일이 잘 안 되고 괜찮은 비즈니스를 찾아내지 못하고 인생을 잘 살아가지 못 한다'는 것이다. 말하자면 자신의 인생을 스스로가 즐기지 못하는 것이 원인이다.

그렇다면 사람들의 굶주린 마음을 구해 줄 수 있는 방법은 즐길거리를 많이 만들어 주는 것이 아니라 현실 자체를 잘 살아가도록 해주는 것이다. 인간은 하루 중 대부분의 시간을 일하는 데에 쓴다. 만일 일하는 시간에 충실감과 기쁨을 맛볼 수 있게 된다면 인생은 다채로워질 것이다.

그래서 나는 좋은 경제경영서를 많은 사람에게 소개하는 일이나 직접 경제경영서 저자를 양성하는 일을 통해 일본 전체의 생산성 향상에 기여하고 싶다는 생각을 하게 되었다. 소설과 경제경영서 중 목적의식이 없어도 읽을 수 있는 책은 소설이다. 왜냐하면 소설은 재미있기 때문이다.

이와는 반대로 경제경영서는 즐기기 위한 책이 아니다. 경제경영서를 읽을 때에는 '목적'이 중요하다. 어떤 책을 읽고, 어떤 내용을 깨닫고, 어디에 밑줄을 긋는가. 이는 결국 목적의식으로 이어진다. 뭔가를 하고 싶다는 의욕이 있어야만 배울 수 있다. 그냥 무작정 읽어 내려가서는 아무것도 얻을 수 없다. 경제경영서는 '소비'가 아니라 '투자'다. 금으로 된 액세서리를 사서 만족할 것이 아니라 금괴나 금광을 찾아야 한다. 경제경영서의 매력은 바로 여기에 있다.

'결과'에만 줄을 긋는 안타까운 사람

어떤 사실과 현상을 '원인'과 '결과'로 나눠서 생각해 보면 밑줄 긋는 방법을 극적으로 개선할 수 있다. 바로 결과가 아니라 원인에 밑줄을 긋는 것이다.

나도 학창 시절이나 사회초년생일 때는 원인과 결과를 제대로 파악하지 못 했었다. 이런 나에게 아주 큰 영향을 미친 책이 있다. 전 세계적으로 600만 부 이상 팔린 경영서의 교과서라 불리는 스티븐 로빈스의 《매니지먼트의 정체》The truth about managing people...and nothing but the truth이라는 책이다. 나는 이 책에서 연구 결과로 얻어진 아래의 사실과 만났다.

"생산성이 높은 직원이 회사에 충성심을 갖고 있으며 그 반대는 아니다."

의욕이 있기 때문에 일을 잘하게 된 것이 아니라 일을 잘 하기 때문에 의욕이 생긴다. 다시 말해 동기의 유무는 결과에 지나지 않고 일을 잘 하느냐 못 하느냐가 원인이다.

채용면접에서 동기를 중요하게 여겨, 의욕이 넘친다고 하는 사람을 채용했다고 가정해 보자. 그 사람은 의욕이 사라진 순간 무능한 사람이 되어 버린다. 의욕은 일만 잘하게 되면 저절로 강해지기 때문에 동기를 중시한 채용이나 교육을 할 것이 아니라 일을 잘할 수 있도록 해주는 것이 중요하다고 로빈스는 설명한다.

나는 《매니지먼트의 정체》를 통해 이런 사실은 물론이고 원인과 결과를 가려내지 못하면 전략이 전부 잘못되어 버린다는 깨달음을 얻게 되었다. 원인과 결과에 대해서는 제4장에서 보다 자세히 다룰 것이다.

서점과 책 고르는 안목이
실력도 키운다

좋은 책과 만나기 위해서는 먼저 좋은 책을 구비해 놓은 서점을 찾아야 한다. 바꿔 말하면 내가 읽어야 할 책을 미리 알아서 골라 놓은 듯한 서점을 찾아야 한다는 말이다.

센스 있는 사람이 가는 서점, 센스 있는 책을 구비해 놓은 서점에는 소위 말하는 베스트셀러뿐만 아니라 그 서점만의 독자적인 기준으로 선택한 책들이 있다.

사와야서점 폐잔점

모리오카역 건물 페잔에 있는 '사와야서점 폐잔점'은 일본의 출판업계뿐만 아니라 서점에 관심이 있는 사람이라면 누구나 주목하고 있는 매장이다. POP나 광고판이 멋지다는 평가를 받는데, 핵심은 그 내용을 만드는 서점 직원의 '읽는 힘'에 있다.

사람을 끌어당기는 힘이 있는 책을 잘 골라낼 뿐 아니라, 거기서 알맹이를 찾아내 '사야 하는 이유'를 적극적으로 알리는 데 탁월하다. 경제경영서라면 몰라도 문학책에서 이런 작업을 하기란 쉽지 않다. 그렇기 때문에 독자에게는 사와야서점 폐잔점에서 책을 사는 행위 자체가 가치 있는 일이 되어 가고 있다.

지금 머릿속에 어떤 서점이 떠오르는가? 만약 생각나는 서점이 없다면 절대 늦지 않았으니 지금부터라도 찾아보기 바란다. 좋은 책을 잘 골라 구비해 놓고, 핵심을 찾아 광고 포인트로 제시하는 서점. 이런 서점을 찾는다면 책을 고르는 안목이 점점 높아질 것이다.

읽어야 할 책 vs. 읽을 필요가 없는 책

나는 하루 평균 3권의 책을 읽는다. 보통 이 3권의 책 중에서 줄을 그은 한 권을 골라 디지털 잡지 《BBM》에 서평을 쓰고 있다. 역산을 해보면 괜찮은 품질을 유지하면서 책 한 권의 서평을 쓰기 위해서는 '밑줄을 그을 만한 책' 3권을 고르면 된다는 경험치를 갖고 있다.

출판사의 호의로 내 사무실에는 매일 10~15권 정도의 책이 배달된다. 그중에서 내가 읽어야 할 책 3권을 고른다. 때에 따라 3권 중 2권, 아니면 3권 모두가 '당첨'인 경우가 있고, 3권 다 밑줄 그을 만한 문장이 없는 경우도 있다. 나는 이런 일을 매일 하면서 '읽어야 할 책'과 '읽을 필요가 없는 책'을 선별하는 요령을 익혀 왔다.

그렇다면 책 한 권을 대강 훑어 보다가 어떤 내용이 있을 때 '읽어야 할 책'으로 분류할까? 여기에는 11가지 전략이 있다.

11가지 독서 전략

1. 저자가 경영자일 경우 '창업가'나 '기업 전성기를 이끈 경영자' 책을 고른다.
2. '프로필'이 진짜인지 가짜인지를 가려낸다.
3. '최고 중 조금 특이한 사람'의 책을 고른다.
4. '컨설턴트'에게는 왕도의 전략을 배울 수 있다.
5. 그 분야의 전문가가 아닌 저자의 책은 피한다.
6. 책 제목에 속지 않는다.

7. '고유명사'가 많이 들어간 책을 고른다.

8. 글 앞머리에 '밑줄'을 그을 만한 문장이 있는 책을 산다.

9. 방대한 '데이터'를 바탕으로 쓴 책을 고른다.

10. 번역서는 양서일 확률이 높다.

11. 항목별로 분류해 놓은 것에 주목한다.

서점에 서서 잠깐 읽는 책을
고르는 11가지 방법

서점에 서서 잠깐 동안 읽는 책을
고르는 데는 여러 가지 방법이 있다. 그간 내가 터득한 가장 핵심적
인 11가지 방법을 여기 소개한다.

1. '창업가'나 '기업 전성기를 이끈 경영자'의 책을 고른다

먼저 저자에 대해 이야기해 보자. 경제경영서 저자 중 상당수가

기업 '경영자'들이다. 경영자의 책 중에서는 '창업가'와 '기업 전성기를 이끈 경영자'의 책을 읽어야 한다. 무에서 비즈니스를 만들어 내고 이념의 씨앗을 낳은 창업가의 책은 일일이 나열할 수 없을 정도로 많다. 그리고 창업가에게 기업을 물려받아 씨앗을 단숨에 꽃피우고 멋지게 재생시켜 기업의 전성기를 이끈 경영자에게는 창업가와는 또 다른 강점이 있다.

기업의 전성기를 이끈 경영자의 책 중에는 IBM을 부활시킨 루이스 거스너의 《코끼리를 춤추게 하라》Who says elephant can't dance?가 유명하다. 그리고 프록터앤드갬블의 CEO였던 앨런 조지 래플리와 램 차란이 공동 저술한 《게임의 변혁자》The game changer는 아는 사람은 다 아는 명저다. 아리에르, 페브리즈, SK-II, 프링글스라는 히트 상품을 어떻게 만들어 내고 시장을 어떻게 지배했는지, 이노베이션의 비밀을 정리해 놓은 귀중한 책이다.

한편, 샐러리맨 출신 경영자의 책은 주의해야 한다. 이들은 확립된 브랜드를 이어받았을 뿐 브랜드를 구축한 사람이 아니다. 이런 경영자의 책에서 배울 있는 것은 브랜드의 본질이 아니라 사내 경쟁에서 살아남는 방법이나 출세하는 방법일 가능성이 높다.

외국계 회사 일본법인 사장의 책도 많은데, 본국에서 구축한 브랜드를 등에 업고 일을 하는 경우가 많아 어디까지가 본인의 실력인지 알 수가 없다. 이럴 때는 본국 본사의 주요 직책을 겸하고 있는지를 보고 이해의 정도를 파악할 수 있다. 본사의 의사결정 과정에 참여하고 있다면 역량이 있는 사람이라고 판단할 수 있다. 경영자도 여러 부류가 있으므로, 경력을 제대로 확인한 다음에 그의 책에서 무엇을 배울지를 판단하면 된다.

2. '프로필'이 진짜인지 가짜인지를 가려낸다

저자의 프로필이 진짜인지 가짜인지를 가려내는 건 중요한데, 그걸 구분해 내는 힌트가 있다. 먼저 경력과 자격에 주목하자. 실력으로 평가받은 경력인지, 혹은 돈만 내면 취득할 수 있는 자격인지, 아니면 참가하면 누구에게나 주어지는 경력인지를 가려내는 것이 중요하다.

예를 들어 프로필에 '하버드'라는 고유명사가 있다고 하자. 하버드대학, 또는 경영대학원이나 로스쿨 등에 입학해 학위를 취득했다면 실력을 평가받은 결과이고, 훌륭한 경력이라고 할 수 있다. 하지만 프로필에 '하버드대학 ○○ 프로그램 참가'라는 내용이 있다면 각별히 주의해야 한다. 돈만 내면 누구나 참가할 수 있는 프로그램인 경우가 많기 때문이다. 하버드대학 홈페이지에 이런 프로그램의 내용과 가격이 다 공개되어 있으니 궁금한 사람은 한번 들어

가서 확인해 보기 바란다.

'○○ 교수에게 배웠다'라고만 되어 있고, 졸업이나 취득한 학위에 대해 언급하지 않는 경우에도 주의해야 한다. 이런 사람은 하버드라는 명패를 얻기 위해 대가를 지불하고 잠시 다녀온 '손님'일 가능성이 높다. '객원교수'도 비교적 간단히 취득할 수 있는 지위이기 때문에 현혹되지 말아야 한다.

비즈니스 경력도 마찬가지다. '○○ 사에서 ○○ 사업 개발에 참여'와 같은 애매한 표현은 유명한 회사 이름이나 저명한 브랜드의 이미지를 빌리고 싶을 때 자주 쓰는 문구다. 구체적인 직무나 실적을 기술하지 않는다면 곧이곧대로 받아들이지 않는 편이 낫다.

저자가 외국계 기업 일본법인에서 성과를 올린 사람인 경우에도 주의해야 한다. 외국계 기업이 원래 갖고 있던 브랜드 이미지만으로 결과를 낸 사람인지, 일본의 상황에 맞게 현지화하거나 일본만의 새로운 이미지를 만들어 독자적인 이노베이션을 만들어 낸 사람인지를 가려내야 한다.

회사명이나 이미지를 빌린 경우 '유명 기업 출강 강사'라는 문구도 주의해야 한다. 만약 그 사람의 강의로 기업이 번성하고 히트 상품을 만들어 냈다면 이야기가 달라지겠지만, 실제로는 그렇지 않은 경우가 대부분이다. 이미 브랜드 이미지를 확립하고 히트 상품을 내놓은 기업에 가끔 강의를 하러 가는 많은 강사 중 한 명일 가능성이 높다.

프로필을 꼼꼼히 읽어 보면 저자가 당신이 기대하는 내용을 쓸 자격과 실력이 있는 사람인지 아닌지를 알 수 있다. 애견숍 점원에게 강아지의 질병에 대한 상담을 해서는 안 된다. 점원은 판매를 하는 사람이지 강아지 질병의 전문가가 아니다. 강아지 질병에 대해서는 수의사에게 물어야 한다.

3. '최고 중 조금 특이한 사람'의 책을 고른다

믿을 만한 프로필인가 하는 점과는 전혀 다른 관점으로 저자의 신뢰성을 발견할 수도 있다. 바로 좋아해서 그 일에 매진하고 있는가 여부다. 세이조 이시이의 창업가 이시이 요시아키는 본인이 자신 있게 매입한 물건을 손님들이 즐거운 맘으로 사가는 '소매업'을 좋아한다. 유니버셜 스튜디오 재팬의 모리오카 츠요시森岡毅도 데이터를 바탕으로 가설을 세우고 검증해 누구도 상상하지 못한 성과를 내는 일을 좋아한다. 이 두 사람은 돈이나 명성으로는 얻을 수 없는 보수를 여기서 얻고 있다.

이들은 아주 열정적이고 다른 한편으로는 다소 '비정상'이기도 하다. 비정상적으로 일을 좋아하기 때문에 그들이 쓴 책에는 박력이 있고 깊이가 있다. 우수한 저자의 조건 중 하나는 '최고 중 조금 특이한 사람'이다. 본문을 읽다가 조금 특이하다는 느낌이 드는 저자의 책을 고르면 된다.

4. '컨설턴트'에게는 왕도의 전략을 배울 수 있다

유능한 컨설턴트의 책 중에는 좋은 책이 많다. 하지만 배울 부분을 착각하면 실전에서 쓸 수가 없으니 주의가 필요하다. 컨설턴트의 책은 '핵심 역량'을 다지기 위해 읽어야 한다. 경영의 핵심, 전략의 핵심, 마케팅의 핵심을 체계적으로 분석해서 설명해 주는 책 중에는 읽어볼 가치가 있는 책이 많다.

다만 컨설턴트는 어디까지나 조언을 해주는 사람이라 실전경험은 거의 없는 이들이다. 컨설턴트들이 경영에 관한 조언을 잘한다고 해서 경영을 할 수 있는 것은 아니다. 마케팅 조언은 할 수 있지만 실제로 물건을 팔아본 경험이 없다. 육성 프로그램에 관한 조언은 할 수 있어도 직접 교육을 해본 적은 없다.

컨설턴트는 의뢰인이 전략 계획을 어떻게 실행하는가, 현실에 맞춰 어떻게 변화시키는가 하는 문제에는 관여하지 않는다. 그렇기 때문에 이런 저자에게 현장에서 통용되는 '방법'을 배우려 해서는 안 된다. 컨설턴트에게서 배울 것은 핵심 전략과 전술이다.

5. 그 분야의 전문가가 아닌 저자의 책은 피한다

방송에서 해설자나 평론가로 활약하는 저자, 연간 10여 권의 책을 빠른 속도로 출판하는 저자에게는 일정 팬이나 고객이 있다. 이런 저자들은 책을 냈다 하면 팔리기 때문에 '다작'을 하게 된다. 다작이 좋다, 나쁘다는 이야기를 하려는 게 아니다. 문제는 저자가 무엇을 말하고 있는가다.

유명한 해설자나 평론가 등은 해당 분야의 전문가다. 따라서 객관적으로 봤을 때 그에 걸맞은 실적을 올렸거나 박사학위와 같은 자격, 경영자나 대학교수 등의 직함을 가지고 있다. 그렇기 때문에 학문적 접근이나 학문의 작법을 잘 알고 있으리라 기대할 수 있다. 다만 전문이 아닌 분야에 대해 마치 전문가인 것처럼 기술하는 경우에는 문제가 된다.

법률 전문가가 영어에 대해 이야기하고, 일본어 전문가가 연애에 대해 이야기하고, 야구선수였던 사람이 다른 스포츠에 대해 이야기한다면 어떻겠는가? 그런데 이런 책이 생각보다 많다. 사실은 전문가가 아닌데도 이름값과 신뢰도가 있는 저자이기 때문에 출판사가 계속해서 집필 의뢰를 한다. 이런 책은 잘 팔린다고 해도 그 책에서 독자가 얻을 수 있는 것은 별로 없다. 저자의 전문 분야에 관한 책만을 읽을 대상으로 삼아야 한다.

《좋은 기업을 넘어 위대한 기업으로》Good to great 의 저자 짐 콜린스는 인터뷰에서 이런 말을 했다.

"조사를 많이 한 다음에 책을 쓰기 때문에 5년에 한 권밖에 못 쓴다."

6. 책 제목에 속지 않는다

편집자들에게는 조금 미안하지만, 책 제목과 내용이 일치하지 않는 경우가 많다. 이런 지적에 강한 반론을 제기할 수 있는 편집자는 별로 없을 것이다. 책 제목은 주로 편집자나 출판사에서 정하는데, 편집자는 책을 만드는 사람인 동시에 마케터이기도 하다. 독자들의 이목을 끌기 위해, 책의 본질이나 저자가 원래 하고자 했던 이야기와는 다소 멀어지더라도 독자를 설득해 많이 팔 수 있는 제목을 붙인다. 일 잘하는 편집자, 우수한 출판사일수록 제목을 짓는 능력이 탁월하다. 그러니 책 제목에 속아서는 안 된다.

재미있을 것 같은 제목이라 사서 읽어 봤더니 내용이 별로였던 경우가 종종 있다. 다시 좋은 책을 찾으면 되기 때문에 이것은 별 문제가 되지 않는다. 문제는 내 관심사가 아닌 제목이라고 해서 손도 대지 않는 것이다. 이보다 더 안타까운 일이 있을까?

관심 분야가 아니라고 느꼈던 책도 막상 읽어 보면 의외로 도움이 되곤 한다. 앞서 이야기했던 《세이조 이시이 창업》을 예로 들어 보자. 제목만 보면 '창업가의 감동 스토리'처럼 보이지만 사실은 경영전략서에 가깝다. '세이조 이시이'라는 브랜드가 어떻게 만들어졌고, 어떻게 고객의 절대적인 지지를 얻게 되었는지가 아주 잘 정리돼 있는 책이다.

제목을 있는 그대로 받아들여 저자의 자서전이나 창업 스토리라 치부하고 책을 펼쳐 보지도 않는다면, 큰 기회를 잃을 수도 있다. 책을 제목만 보고 판단해서는 안 된다.

7. '고유명사'가 많이 들어간 책을 고른다

미타무라 후키코의 《'포키'는 왜 프랑스인에게 사랑받는가》「ポッキー」はなぜフランス人に愛されるのか?, 나가미야 카즈미의 《진화형 비즈니스 호텔이 예약을 할 수 없을 정도로 인기 있는 이유》進化系ビジネスホテルが、予約がとれないほど人気なワケ는 내가 추천하는 책이다. 뒤에서 다시 자

세하게 다루겠지만 분야가 다른 이 두 책에는 어떤 공통점이 있다. 책에 '고유명사'가 많이 나온다는 점이다. 이런 책은 사야 한다.

정보를 검색할 때는 고유명사가 가장 큰 도움이 된다. 상품명, 기업명, 인물명, 장소명 등 인터넷을 검색하거나 지도를 찾을 때도 고유명사를 알고 있으면 찾는 속도가 훨씬 빨라지고 정보의 정확도가 올라간다. 책에 고유명사가 나온다면 지금 성공하고 있는 그 브랜드가 어느 기업에서 운영하고 있는지, 어디와 거래하고 있는지 등, 책에서 얻은 정보뿐만 아니라 다음 단계의 공부로도 바로 이어진다.

저자도 고유명사가 나오는 이상 거짓말하거나 허세를 부리기 어려워진다. 독자가 찾아볼 마음만 있다면 얼마든지 찾아볼 수 있기 때문이다. 그렇기 때문에 고유명사가 많은 책은 신뢰할 수 있는 책일 가능성이 높다. 반대로 고유명사가 적고 애매한 정보로 회피하고 있는 책은 사지 말아야 한다.

경제경영서 저자라고 하면 경영자나 컨설턴트 또는 각 분야의 전문가 등을 떠올리는데, 여기에 추가하고 싶은 직업군이 있다. 바로 '저널리스트'다. 저자가 전문지 기자나 특정 업계에 정통한 저널리스트일 때, 책에 고유명사가 많이 나오는 경향이 있다. 그만큼 깊게 파고들어 취재를 했다는 말이다.

이런 책은 그다지 화려하지 않고 서점에서도 눈에 잘 안 띄는 곳에 놓여 있는 경우가 많다. 하지만 그중에는 보석 같은 책이 있음을 명심하자. 게다가 다른 사람들이 잘 모르는 책이기 때문에 읽어두면 남들보다 앞서간다는 느낌을 받을 수 있을 것이다.

8. 글 앞머리에 '밑줄' 그을 만한 문장이 있는 책을 산다

서점에 서서 읽기 좋은 책을 찾을 때의 단순한 판단기준이 있다. 바로 글 앞머리에 박력 있는 문장이 나오는가 하는 점이다. 좋은 책은 보통 앞부분에 결정적인 문장이 나온다. 이 책을 쓰던 중에 전 프록터앤드갬블 세계 본사 북미 팬틴 브랜드 매니저이자 현재 유니버설 스튜디오 재팬을 운영하고 있는 주식회사 유에스제이의 CMO 모리오카 츠요시의 《확률사고의 전략론》確率思考の戦略論을 읽었다. 300페이지가 넘는 두꺼운 책인데도 초반에 밑줄을 그을 수 있는 좋은 문장이 있었다. "시장구조를 결정짓는 DNA는 브랜드에 대한 소비자 선호도이다."

이 한 문장을 읽고 흥분해서 눈 깜짝할 사이에 다 읽어 버렸다.

고급 슈퍼마켓 '세이조 이시이'를 창업한 이시이 요시아키의 《세이조 이시이 창업》에는 6페이지에 "브랜드란 고객이 어떻게 평가하는가이다. 단순하게 표면적 이미지를 좋게 한다고 해서 되는 것은 아니다."라는 결정적인 문장이 있다. 만일 서점에 서서 책을 읽고 있다면 이 부분에서 구입하기로 마음먹을 수 있다.

유니참의 사장이자 경영 혁신을 이룬 다카하라 다카히사의 《유니참식 나를 성장시키는 기술》ユニ·チャーム式 自分を成長させる技術에서는 2페이지에 "오늘날의 비즈니스 환경에서는 큰 것이 작은 것을 이기는 것이 아니라 빠른 것이 느린 것을 이긴다."라는 날카로운 메시지가 나온다. 생리대나 기저귀 등의 소비재 제조업체인 유니참이 어떻게 성장가도를 달리고 있는가에 대한 힌트가 초반에 있다. 아주 압권이다.

본질을 잘 이해하고 있으며, 그것을 독자에게 잘 전달하는 저자는 글이 시작하는 부분에서 이미 밑줄을 긋게 만든다. 경제경영서는 소설과 달리 마지막까지 해야 할 말을 남겨둘 필요가 없다. 좋은 책은 느닷없이 좋은 문장을 던진다.

9. 방대한 '데이터'를 바탕으로 쓴 책을 고른다

방대한 데이터를 바탕으로 많은 조사를 한 책은 매력적일뿐더러 존경심마저 생긴다. 고객의 '마음'을 영업에 이용하는 발상과는 정반대다. 우수한 마케터는 고객에게서 멀리 떨어져 그들을 이해하려 한다. 데이터를 분석하고 가설을 세워 과학적이고 학문적인 접근을 하는데, 최근에 출간된 책 중에는 모리오카 츠요시의 《확률 사고의 전략론》이 좋은 예다. 다만 학문적으로 마케팅 리서치를 할 수 있는 사람이 그리 많지 않다는 사실을 염두에 두어야 한다.

10. 번역서는 양서일 확률이 높다

번역서는 양서일 확률이 높다. 그 배경에는 세계화가 자리하고 있다. 미국의 슈퍼마켓을 들여다보면 거기에는 '전 세계'가 있다. 맛있는 면 종류로는 이탈리아의 파스타나 일본의 라면, 요구르트는 그리스, 물은 프랑스. 이렇게 세계화는 전 세계의 맛있는 것, 좋은 것을 골라 한곳에 모아 놓은 것이다.

아마존, 자라, 유니클로, 프록터앤드갬블, 존슨앤존슨, 아시아에서의 유니참, 인도에서의 스즈키도 이런 세계화를 기반으로 하고 있기 때문에 계속 성장하고 있다. 만약 유니클로, 스즈키, 유니참이 창업지인 일본 시장만을 고집했다면 지금 어떻게 됐을까? 전 세계의 인구가 100억 명에 다다르고, 그중 절반은 생활의 질이 급격히 좋아지고 있다. 그런데 인구수가 점차 줄어들고 시장이 이미 포화상태인 일본에만 있으면 순식간에 세계 시장에서 패자가 되어 버린다.

　번역서가 양서일 확률이 높은 이유는 세계 시장에서 싸워 성과를 올린 기업의 사례가 많기 때문이다. 화제의 번역서는 일단 체크해 두는 것이 좋다.

11. 항목별로 분류해 놓은 것에 주목한다

　마지막으로 책을 대강 훑어볼 시간밖에 없을 때 쓸 수 있는 비장의 노하우를 밝히려 한다. 전략이나 전술, 노하우를 항목별로 분류해 놓은 책을 찾는 것이다. 책장을 넘기다 항목별로 정리되어 있는 부분이 보이면 우선 그 부분만을 읽어 보면 된다. 그리고 거기에 본질을 응축한 요소가 있거나 받아들이기 쉬운 전술이나 노하우가 있다면 그 책은 가치 있는 책이다.

　항목별로 분류할 수 있다는 말은 저자가 그 내용에 대한 정확한 이해를 바탕으로 정리했다는 뜻이다. 무엇보다 '구체적'일 것이다. 항목별로 세세하게 기술하기 위해서는 저자가 고심해서 생각을 정리한 뒤, 직접 실천해 봐야만 가능하다. 짧은 시간에 좋은 책인지 여부를 판단해야 한다면 항목별로 분류해 놓은 부분을 읽어 보기 바란다.

제2장

빨리 읽지 말고
천천히 읽어라

얼마나 많은 책을 읽었느냐는 하나도 중요하지 않다

빨리, 많이 읽어야 한다는
강박의 함정

많은 사람들이 책을 몇 권이나 읽었는지에 관심이 많다. 읽은 책의 권수에 집착하다 보니, 빠른 속도로 읽는 것에도 집착한다.

모르는 것은 당연히 천천히 읽어야 한다

매일 책 3권을 읽는다고 하면 대부분 "한 권 읽는 데 시간이 얼마나 걸려요?"라고 질문한다. 책 분량에 따라 다르지만 읽는 데 대략 20분 정도 걸린다. 이 대답에 "엄청 빨리 읽네요? 도대체 어떤 속독 기술을 쓰기에 그렇게 빨리 읽는 거예요?"라는 질문이 또다시 이어진다.

딱히 속독 기술을 배우려 하지 않았고, 빨리 읽는 것에 가치를 두지도 않았다. 빨리 읽을 수 있느냐 없느냐 여부는 독서의 질과는 전혀 관계가 없기 때문이다. 오히려 책은 천천히 읽어야 한다고 생각한다.

내가 책을 빨리 읽게 된 데에는 남다른 계기가 있다. 그리스에서 유학할 무렵 250페이지 정도 되는 영어 책을 읽고, A4지 10장의 리포트를 쓰는 과제가 있었다. 과제만으로도 벅찬데 더 놀란 것은 제출 기한이 다음 날 오전이라는 점이었다. 순간 '무리다, 절대 못 해'라는 생각이 들었지만 어쨌든 바로 시작하지 않으면 안 됐다. 조급한 마음에 얼른 영어 책을 펼쳤다. 그 순간 희한하게도 250페이지 중 어느 부분을 읽어야 할지가 확실히 느껴졌다.

나도 조금 놀라긴 했지만 생각해 보면 당연한 일이다. 해야 할 과제와 주제가 확실하다면, 관련이 있는 부분을 찾아서 그 부분을 중심으로 읽으면 된다. 다시 말해, '명확한 목적'이 있느냐 없느냐에 따라 독서의 질과 읽는 시간이 달라진다. 목적과 관계가 있는 정보만을 읽으면 되기 때문에 읽는 속도가 저절로 빨라진다.

만약 당신이 《피터 드러커-매니지먼트》를 읽으려 한다고 가정해 보자. 그리고 '리더로서 어떤 경영을 해야 하는가'라는 독서의 목적이 있다고 하자. 이때 전체를 다 읽지 않고 책을 읽는 목적을 달성하는 데 힌트가 되는 부분만을 읽으면 된다. 책의 개요나 목차를 보고 명확하게 어떤 공부를 할지 정하고 그다음은 해당 부분을 천천히 읽는다. 그뿐이다. 속도는 결과이고 속도 자체에는 가치가 없다.

'그래도 좀더 빨리 읽을 수 있으면 좋을 텐데…'라는 생각을 하는 사람이 여전히 있을 것이다. 하지만 한번 생각해 보기 바란다. 당신은 모든 책을 빨리 읽지 못하는가? 빨리 읽을 수 있는 책도 있고 빨리 읽을 수 없는 책도 있는 건 아닌가? 잘하는 분야와 그렇지 않은 분야가 있듯이 말이다.

잘 모르는 분야나 미지의 내용은 당연히 빨리 읽지 못한다. 모르기 때문에 알기 위해 읽는 것이니, 천천히 읽으면서 이해하고 납득해 가는 시간이 필요하다. 이 얼마나 즐거운 과정인가? '모르는 것'을 '아는 것'으로 변환하는 작업. 이런 귀한 작업을 전자레인지 돌리듯 간단히 할 수 있다고 생각해선 안 된다. 이 순서를 잊지 말자. 천천히 읽는다. 그리고 이해한다. 이해가 깊어지면 책을 읽는 속도는 저절로 빨라진다.

'빨리 읽기'가 가치 없는 것과 마찬가지로 '읽은 책 수'에도 별다른 가치가 없다. 나도 2만 권을 읽었다는 '권수'에는 가치를 두지 않는다. 가치는 읽은 책을 '어떻게 활용했는가'에 있다. 책을 통해 새로운 것을 알고, 비즈니스에서 실천하거나 사회에 도움이 되는 일을 할 수 있게 되었을 때 비로소 기쁨을 느낀다. 그리고 가치 있는 일이 된다.

새해가 되면 '올해 책 100권 읽기'와 같은 목표를 세우는 사람이 있다. 이런 난센스가 없다. '읽는 목적'이 중요하지 권수는 중요하지 않다. 몇 권을 읽겠다는 목표가 아니라 왜 읽는지 그 이유를 알고 '목적'을 세워야 한다. 책 10권을 읽는 것보다 명저 한 권을 10번 읽는 것이 나을 때도 있다. 좋은 책은 10개의 목적을 위해 10번 읽을 수 있다.

의욕이 생기게 하려면 어떻게 해야 하지? 올바른 인사 제도를 만들기 위해서는 무엇이 필요하지? 히트 상품을 만들기 위해서는? 돈을 올바르게 관리하기 위해서는? 이런 의문이 생길 때마다 다시 읽으면 된다.

관련성 없는 주제의 책을 이것저것 닥치는 대로 읽을 수도 있지만, 한정된 시간의 배움이라는 관점에서 보면 효율적이지 않다. 단기간에 한 주제를 집중해서 파고드는 편이 권수를 늘려 가는 것보다 결과적으로는 깊게 배울 수 있는 길이고, 목표에 빨리 도달할 수 있는 방법이다. 한 주제로 30권을 읽는다면 전문가 대열에 들어설 수 있게 될 것이다.

그리고 주제를 좁혀 깊게 파고들다 보면 바로 옆에 있는 관련 주제와 이 주제를 공부해야 하는 목적도 보이게 된다. 무작위로 책을 읽기보다는 관련성을 따라 연쇄적으로 독서를 '수평전개'해 가는 편이 유기적인 독서를 하는 데 훨씬 도움이 된다. 그리고 몸에 배는 교양을 익힐 수 있다. 이 이야기는 제7장에서 다시 하도록 하겠다.

최고들은 독서로
여가를 즐기지 않는다

최고의 비즈니스맨은 여가를 즐기기 위해 독서를 하지 않는다. 그들에게는 독서가 여가생활이 아닌 비즈니스 활동의 '입구'에 있기 때문이다.

독서는 휴식이 될 수 있는가

최고의 비즈니스맨들은 목적을 갖고 독서를 하며, 새로운 지식이나 식견을 얻어 활동을 시작한다. 행동의 출발점인 것이다. 1년에 몇 번 휴식을 취하러 여행을 가는 수준으로는 여행 전문가가 될 수 없다. 전문가가 되기 위해서는 예매하는 방법, 현지의 맛있는 가게, 그곳만의 문화, 각 숙소의 서비스, 뒷골목의 명소, 지름길 등 모든 것에 정통해야 한다. 하루 종일 여행에 대한 생각을 하고, 어떻게 하면 사람들에게 유익한 정보를 제공할 수 있을까에 온 마음이 다 가 있어야 한다. 이런 '최고 중에서도 조금 특이한 사람'이 전문가가 될 수 있다.

독서도 마찬가지다. 경영, 리더십, 마케팅, 재무 등 자신의 분야 와 거기서 맞닥뜨린 과제에 대해 하루 종일 생각하고 있는 전문가 에게 독서는 과제를 극복하기 위한 가장 강력한 도구가 된다. 빨간 펜을 들고 내 안으로 스며들게 하고 싶은 문장에 밑줄을 긋고 다음 날 아침부터 행동으로 옮긴다. 다시 말해 그들에게 독서는 '노력'이 지 절대 '휴식'이 아니다.

'공격하는 독서'와 '도망가는 독서'가 있다고 한다면 역시 '공격하 는 독서'를 추천하고 싶다. 하지만 너무 힘들 때는 잠시 쉬고 충전 할 수 있는 편안한 책을 골라보는 것도 좋다. 공격하고, 공격하고, 공격한 뒤 가끔은 도망가는 것이다. 상처를 입었을 때는 회복할 시 간도 필요하다.

당신도 책을 읽다가 좌절한 경험이 있을 것이다. 대개 부정적인 기억으로 남아 있겠지만, 독서하다 느끼는 좌절은 오히려 좋은 일이다. 이유는 두 가지다. 우선 적어도 좌절하기 전까지는 책을 읽으면서 머리가 능동적으로 움직였을 것이다. 새로운 지식, 실천해 본 적이 없는 노하우 등을 문장으로 접하며 느끼는 난해함 때문에 뇌에 과부하가 걸린다. 그래서 도중에 그만두는 것이다. 이렇게 능동적으로 머리를 사용하는 것이 독서의 큰 장점이다.

재미있는 드라마나 영화는 애써 이해하려고 하지 않아도 알아서 이야기가 전개된다. 요즘 영화는 대부분 청소년이나 가족 모두가 함께 볼 수 있는 수준으로 만들어지고 있다. 이해하고 기억하기 쉬워 보는 사람이 완전히 '수동적'인 상태가 된다.

하지만 책, 특히 경제경영서는 생각을 하고 소화를 하면서 읽지 않으면 절대 읽어 나갈 수 없다. 그래서 능동적으로 접근하게 만든다. 읽고 생각하고 받아들이기도 하고 받아들이지 않기도 하면서 다시 읽고 또 생각한다. 이런 과정이 반복되면 점점 사고력이 단련된다. 한 번에 다 이해할 수 있는 책은 기분은 상쾌할지 모르지만 뇌를 단련할 수는 없다.

도중에 좌절하는 이유는 지금 내가 다 이해하고 받아들이기에는 그 책이 낯설고 어렵기 때문이다. 고전이나 지금까지 좋아하지 않았던 분야의 책을 읽을 때 자주 일어나는 현상이다. 그러니 좋은 도전을 하고 있다는 자신감을 가졌으면 좋겠다.

좌절에는 또 하나의 장점이 있다. 읽을 수 있는 부분까지는 읽었기 때문에 무엇을 모르는지가 명확해진다. '어느 고명한 저자의 명저를 ○장 ○○페이지까지 읽었는데 아무리 읽어도 ○○에 대해서는 모르겠다' 이렇게 구체적으로 무엇을 모르는지 알 수 있게 된다. 거기에 밑줄을 그으면 된다. 이 한 줄로 인생이 움직이기 시작한다.

몰랐던 그 부분을 전문가나 선배를 만났을 때 조심스레 물어본다. 최고는 상대가 어떤 책을 읽고 무엇과 씨름하고 있는가를 보고 그 사람이 진심인지, 배울 자세가 되어 있는지를 간파한다. 그리고 상대에게 진심이 보인다면 아주 친절하고 자세하게 가르쳐 준다. 아마도 예전의 '잘 몰랐던 자신'의 모습과 겹쳐 보이기 때문일 것이다. 가끔은 자신과 동급으로 생각해 주는 경우도 있다.

모르는 것이 그냥 모르는 채로만 있는 것은 아니다. 모르는 동안 내 머릿속에 '몰랐던 것'으로 주입이 되고 축적이 되어 그 후에 공부를 할 때 무의식적으로 답을 찾아가기 시작한다. 어느 날 갑자기 이해가 되기도 하고 납득이 되기도 하며, 누군가 구원의 손길을 내밀어 주기도 한다. 이것도 다 좌절을 한 덕분이다. '모른다는 것'은 이처럼 소중한 경험이다.

독서는 지식의 장으로
들어가는 입구

나는 어린 시절 아키타 현에 있는 오가라는 시골마을에서 자랐다. 고졸 학력인 아버지는 학교를 다닐 때에도 공부를 별로 하지 않았던 사람이었고, 집에는 책이 별로 없었다.

어느 날 근처의 보육원이 경영악화로 문을 닫게 되었다. 이 이야기를 들은 아버지는 보육원에서 필요 없게 된 책들을 모두 받아 트럭에 싣고 집으로 가져 왔다.

아버지가 그 책들을 집으로 가져온 이유는 무엇이었을까? 아마도 자식을 똑똑하게 키우고 싶은 마음에서 그랬던 것이리라. 작은 방이 느닷없이 책들로 가득 찼다. 그중에는 그림연극(딱딱한 종이에 연속적으로 그린 그림을 상자 모양의 틀에 포개어 넣고, 순서대로 한 장씩 그림을 보여 주며 이야기를 들려 주는 놀이―옮긴이 주)도 섞여 있었다. 책이 산더미처럼 쌓여 있었다. 책과 함께 산다기보다는 책에 파묻혀 산다고 해야 할 정도였다.

나는 매일매일 책을 읽었다. 그중에서도 특히 곤충도감 한 권이 맘을 파고들었다. 처음부터 끝까지 다 외워 버릴 기세로 몇 번이고 읽고 또 읽다 보니 실물을 관찰하고 싶어졌다. 결국 산으로 들로 뛰어다니며 곤충을 채집해 표본을 만들 정도로 열심이었다. 어른이 된 지금도 바로 어제 일처럼 느껴지는, 내게 있어서는 빛바래지 않는 추억이다. 이때부터 책에서 배운 지식을 토대로 이를 검증하기 위해 일일이 현장을 찾아가는 습관이 생겼다.

학년이 올라가자 역시나 보육원의 책만으로는 뭔가 부족한 감이 있었다. 이때도 운명이 나를 이끌었다. 집에서 길 건너 30초도 안 되는 곳에 서점이 있었다. 바로 그곳에서 서서 읽기에 빠져드는 날들이 시작되었다. 당시의 서점 주인은 매일 와서 책을 열심히 읽으면서도 책은 전혀 사지 않는 소년을 잊지 않고 있었다.

지금 컬처 컨비니언스 클럽의 프랜차이즈로 아키타 현에서 츠타야TSUTAYA를 운영하고 있는 다카쿠와 서점. 이곳의 사장 다카쿠와 카즈오高桑一男가 당시의 서점 주인이다. 책을 서서 읽던 시절 시작된 인연으로, 신간을 내면 꼭 응원을 해주는 아주 고마운 분이다.

현명한 사람은 노력하는 사람을 절대 얕보지 않는다

머리를 스펀지 상태로 만들어 놓으면 정보가 저절로 모여든다. 모르는 것과의 만남이 이런 계기를 만들어 준다. 머리가 구멍이 숭숭 뚫린 스펀지라고 해보자. 구멍이 숭숭 뚫려 있고, 가벼워서 아무런 쓸모가 없을 것 같다. 지금 당장 물을 흠뻑 적셔 스펀지 뇌를 꽉 채우고 싶다. 하지만 스펀지 뇌에는 좋은 부분이 있다. 모르는 것이 많다는 말은 앞으로 많은 지식을 흡수할 공간이 충분하다는 뜻이기도 하다.

나는 지금까지 뇌 한쪽이 늘 스펀지 상태인 것을 두려워하지 않았다. 저자나 편집자에게 스펀지가 아니라면 할 수 없는 질문을 하고 책에는 나오지도 않는 정보를 끄집어낸 적도 있다. 오히려 뭐든지 흡수하려고 하는 스펀지가 압도적인 '경쟁 우위'를 만들 수 있다.

고명한 학자와 인터뷰를 한다고 가정해 보자. 그 학자의 어려운 책과 씨름하며 좌절했던 사람과, 한 페이지도 넘겨 보지 않은 사람은 이미 출발선이 다르다. 관점도, 질문도 완전히 달라진다. 내 머리가 스펀지 상태라는 것을 자각하고 어떻게 하면 지식이라는 물로 흠뻑 적실 수 있는가를 생각하고 행동하면 된다.

독서 자체만으로 경쟁 우위를 손에 넣을 수 있는 것은 아니다. 독서는 경쟁 우위를 얻기 위한 질문을 하거나 행동을 하기 위한 '계기'이고 '도구'이다.

어렸을 때 곤충도감을 읽은 후 산과 들로 곤충을 찾으러 다닌 것도 같은 맥락이다. 곤충 소년으로서의 나의 경쟁 우위는 '찾아다니면서 실물을 봤다'는 점이다. 곤충도감을 질리지도 않고 계속 들여다봤던 것은 현장을 검증하기 위한 전제지식을 얻는 행위이고, 실제 곤충들을 만나고부터 지혜가 생겼다.

독서는 지식의 장으로 들어가는 입구에 불과하다. 이런 엄청난 계기를 만들어 주는 행위는 독서 말고는 찾기 어렵다. 도요타 자동차의 간부를 만난다면 오노 다이이치의 《도요타 생산방식》トヨタ生産方式을 읽고 한두 가지라도 모르는 부분을 확인해 두면 좋다.

엘리 골드렛의 《더 골 The Goal》The goal을 읽다가 좌절했다면, 필립 피셔의 《위험한 기업에 투자하라》Common stocks and uncommon profits에 밑줄을 그었다면, 대단한 사람들과 친해질 수 있는 기회를 얻은 것이다. 그리고 그들과 깊고 유익한 대화를 나눈 것이다.

생각만 해도 가슴이 설렌다. 현명한 사람은 노력하는 사람을 얕보지 않는다. 책을 읽다 좌절하고 뇌를 스펀지 상태로 만드는 것은 경쟁 우위로 가는 티켓인 셈이다.

제3장

전체를 보지 말고
부분을 보자

아주 사소한 것에서 탁월함을 발견하는 비결

약점은 보완하고
강점은 더 확대하는 독서법

　　　　　　　　나는 고등학생 시절 테니스 선수
였는데, 아키타 현에서 8위 성적을 거두었다. 타고난 재능이 특출
한 선수는 아니었다. 비록 재능은 없었지만 실력 향상을 위해 스스
로 연습 방법을 고안해 내는 노력은 아끼지 않았다.

　타고난 실력이 좋다면 행운지만, 그렇지 않다면 노력을 통해 실
력을 향상시킬 수밖에 없다. 노력을 통해 약점을 보완하고 강점을
확대해야 한다. 이는 독서에서도 마찬가지다.

나는 테니스 연습을 할 때의 경험을 독서나 공부에 활용하고 있다. 그중에서도 특히 애용하는 방법은 '전체 연습'보다 '부분 연습'을 하는 것이다. '숲'이 아니라 '나무'를 보는 셈이다. 테니스 샷에는 서브, 포핸드, 백핸드, 스매싱, 로브 등 여러 종류가 있다. 베이스 라인 가까이에서 치기도 하고 네트 가까이에서 치기도 한다. 모든 샷과 모든 상황에 대응할 수 있는 쪽이 기술의 폭이 넓어진다. 그러면 연습은 어떻게 해야 할까?

가장 흔한 방법은 일대일로 랠리를 계속하면서 받아치는 연습을 하는 것이다. 이것이 '전체 연습'이다. 여러 샷이 나올 가능성이 있지만 반대로 하나도 연습이 되지 않는 샷도 있다.

반면 서브만 집중적으로 연습하거나 백핸드만 철저하게 연습하는 방법도 있다. 이것이 '부분 연습'이다. 각 파트별 연습을 거듭해 시합에서 모든 상황에 대응할 수 있도록 하는 방법이다. 나는 단연 '부분 연습'을 해야 한다고 생각한다. 승부의 세계에서 약점은 상대에게 바로 간파당하기 때문에 철저할 필요가 있다.

포핸드는 잘하지만 백핸드는 서투르다는 사실을 상대가 알게 되면, 상대는 계속해서 백핸드를 하게 만든다. 일부러 치기 쉬운 공을 보내 주는 사람은 한없이 착한 사람이거나 볼보이뿐이다. 적은 약점을 파고든다. 그렇기 때문에 약점인 백핸드를 집중적으로 연습해야 한다.

조코비치가 보리스 베커를 코치로 영입한 이유

테니스 세계 랭킹 1위의 노박 조코비치가 보리스 베커를 코치로 맞은 이유도 같은 맥락이다. 아마도 자신의 약점인 '서브'를 강화하기 위해서였던 듯싶다.

조코비치는 원래 서브가 빠른 선수는 아니었다. 그래서 현역 시절, 고속 서브로 상대 선수를 제압했던 보리스 베커를 코치로 초빙해 고속 서브의 비결을 철저하게 전수받았을 것이다. 실제로 조코비치의 서브는 해가 갈수록 좋아졌고 서비스 에이스의 수도 확실히 늘었다. 즉 자신의 약점을 보완하는 '부분 연습'을 한 것이다. 조코비치처럼 최고 중의 최고인 사람도 '부분 연습'을 고려해 코치를 고르고 있다.

좋은 서브를 한다. 잘하는 포핸드뿐만 아니라 서투른 백핸드를 연습한다. 빠른 공에 대한 공포심을 없앤다. 공을 받아친다. 네트로 달려가는 타이밍을 익힌다. 이런 식의 부분 연습이 쌓이고 쌓이면 강한 선수로 커갈 수 있다.

일도 테니스와 마찬가지다. 매일매일 하는 일을 그냥 아무 생각 없이 하기만 해서는 강점을 더 강화할 수도, 약점을 극복할 수도 없다. 그렇지 않아도 인간은 익숙한 쪽으로 흘러가고 반복해서 똑같은 일을 하고 싶어 하는 생물이다. 그러는 편이 안심이 되고 변화에 드는 에너지를 절약할 수 있기 때문이다.

하지만 이래서는 최고가 될 수 없다. 냉혹한 비즈니스의 세계에서 적은 당신, 또는 당신 회사의 약점을 파고든다. 잠시 생각해 보자. 경쟁사의 약점 몇 가지가 떠오르지 않는가? A사는 영업은 강하지만 상품력이 약하다. B사는 좋은 상품은 있는데 유통이 약하다. C점은 음식은 맛있는데 접객이 별로다.

마찬가지로 경쟁사도 당신 회사의 약점을 파악하고 있다. 당신 회사는 서투른 백핸드로 공이 왔을 때 제대로 받아칠 연습을 하고 있는가?

《성공하는 연습 법칙》Practice perfect by doug lemov에는 UCLA 농구 팀 코치를 역임했던 '20세기 가장 위대한 코치'로 선정된 존 우든 John Wooden의 에피소드가 나온다. 존 우든 코치는 선수들에게 농구화 끈 매는 법을 철저하게 가르친다고 한다. 작은 목표를 먼저 인식시키고 그것을 확실히 해냄으로써 자신감을 갖도록 하는 전략이다. 이것이 바로 '부분 연습'의 첫걸음이고 성공으로 가는 입구이다.

시간이 한정되어 있는 이상 읽을 수 있는 책의 수도 한정되어 있다. 만약 당신이 책을 1,000권 읽는다고 했을 때 자기계발서만 1,000권 읽어서는 아무런 의미가 없다는 사실은 알고 있을 것이다. 그렇다면 어떤 분야의 책을 읽으면 약점을 극복할 수 있을까? 어떤 분야를 강화하면 타사와의 경쟁에서 이길 수 있을까? 이를 위한 '부분 연습'은 어떤 것일까?

세계적인 투자가 워런 버핏은 '가치주투자'는 벤저민 그레이엄에게서 배우고 '성장주투자'는 필립 피셔에게서 배워 자신만의 투자 스타일을 완성했다. 당신은 누구에게서 무엇을 배우고 싶은가? 지금부터 '부분 연습'의 전략을 세우는 방법에 대해 살펴보도록 하자.

부분 연습으로
실력을 키우는 방법

　　　　　　　　　우선 어떤 분야를 공부해야 하는
지 '분류'하는 것이 중요하다. 이런 분류가 아주 잘 되어 있는 책이
컨설턴트 우치다 마나부_{內田學}의 《12시간 만에 배우는 MBA 에센
스》이다. 일본에서는 현재 개정판이 나와 있다. 우치다 마나부는
이 책에서 MBA를 목표로 하는 사람이 공부해야 할 분야를 아래
와 같이 8가지로 분류했다.

경영경제학 / 운영관리 / 통계학 / 인사관리 / 회계 / 재무 / 전략계획 / 마케팅

여기서 주목해야 할 것은 8가지 분류의 내용이 아니라 이렇게 분야를 나눈 방식이다. 당신이 MBA를 목표로 지금부터 독서를 한다고 하자. 이 경우 우치다가 가르쳐 준 대로 책을 읽어 나가면 아주 유용하다. 하지만 실전에서 싸우고 있는 독자라면 좀더 넓은 분야에 응용할 수 있는 분류를 하는 편이 낫다. 그래서 우치다의 분류를 재정비해 내 나름대로 나눈 8가지 분야를 소개하려 한다.

만약 당신이 자신의 전문 분야를 좀더 깊게 파고들기 위한 독서를 하고 싶다면 우치다나 나의 분류를 따르지 않아도 된다. 편집자에게는 편집, 의류업계에는 패션, 이렇게 각 분야마다 빠져서는 안 되는 분류가 당연히 있다. 그러니 나름대로 분류를 해서 어떤 독서를 해 나갈지 계획을 세워 보면 된다.

자신만의 분류법을 마련하라

분류하는 방법을 배우고 자기만의 분류를 하고 싶은 사람에게는 도쿄대학원 미나카 노부히로三中信宏 교수의 《분류사고의 세계》 分類思考の世界가 도움이 될 것이다. 이 책은 미나카 교수의 전문 분야인 생물분류학을 통해 '분류'의 역사와 어려움, 그리고 중요함을 가르쳐 준다. 소위 말하는 분류학의 교과서이다. 이과적 사고에 익숙한 사람에게는 받아들이기 쉬운 정보일 것이고, 문과인 사람에게는 신선한 관점을 줄 것이다. 그러니 한번 읽어 보기 바란다.

이렇게 분야를 나누다 보면 관심이 가는 분야와 관심이 가지 않는 분야가 확실히 보인다. 좋아하는 분야와 싫어하는 분야도 있을 것이다. 어떤 분야에 대해 하루 종일 생각하고 있어도 힘들지 않다면 그 사람은 그 분야의 전문가다. 하지만 전문이 아닌 분야에 대해서도 제대로 공부를 해 두면 여러 가지로 도움이 된다.

새로 알게 된 지식을 좋아하는 분야에 활용할 수도 있다. 애초에 해보지도 않고 선입견 때문에 싫어한 것뿐이니, 막상 해보면 오히려 관심이 생길지도 모른다. 우선은 여러 분야의 책을 읽어 보고, 그런 후 특정 분야에 깊은 관심이 생긴다면 그때부터 파고들기 시작해도 늦지 않다.

최고가 되기 위한
8가지 부분 연습

그러면 이제 비즈니스맨들을 위해 좀더 넓은 분야에서 활용할 수 있도록 나눈 도이 에이지식 분류를 살펴보자. 여기 제시하는 것은 부분 연습을 하면서 꼭 공부해 두었으면 하는 8개 분야다.

1. 회계, 재무
2. 전략
3. 마케팅

4. 운영관리

5. 매니지먼트와 리더십

6. 상품개발

7. 통계

8. 경제

우선 이 8개 분야를 보면 어떤 생각이 드는가? 대학에서 회계학이나 재무를 배우지 않은 사람에게 '회계, 재무'라고 하면 진저리를 칠지도 모른다. 하지만 비즈니스를 하면서 재무제표를 읽지 못한다면 상당히 불리한 상황에 놓이게 된다. 또한 회계나 재무에 대해 잘 모르는 사람이 많기 때문에 피하고 싶은 마음을 극복하면 다른 사람과 큰 차이를 만들 수 있다.

그동안 해보지 않았거나 중요성을 알면서도 왠지 모르게 피해왔던 분야가 있다면 이번 기회에 꼭 봐 두기 바란다. 이 책이 그런 계기가 되었으면 좋겠다.

일단 '명저'부터 읽자

나중에 분야별 '부분 연습' 포인트와 기본이 되는 교과서를 소개하겠지만, 만약 전략적 독서를 처음 하는 사람이라면 우선 많은 이들의 지지를 받아온 '명저'부터 읽는 것이 좋다. 왜냐하면 해당 분야의 개요나 핵심을 배울 수 있기 때문이다. 게다가 당신의 경쟁자나 적도 이미 명저를 읽고 있을 것이니 놓쳐서는 안 된다. 많은 경영자들이 곁에 두고 항상 읽는 책이니 필독서로 여기자.

피터 드러커, 필립 코틀러, 마이클 포터 등이 쓴 명저의 내용을 알아 두면 경쟁자가 어떤 책의 내용을 기준 삼아 경영을 하고 있는지, 어떤 마케팅 전략을 세우고 있는지를 알 수 있게 된다. 혹시 당신의 경쟁자에게 이런 말을 들은 적이 있는가?

"제 전략의 기본은 코스트 리더십 전략입니다."

"도요타 생산방식에 영향을 받아서…."

이럴 때 '코스트 리더십 전략'이 어떤 것인지, '도요타 생산방식'이 무엇을 의미하는지 모르면 경쟁자를 분석할 수 없다. 반대로 코스트 리더십 전략이 무엇인지 아는 사람은 경쟁사가 앞으로 어떤 경영 판단을 할지 예측할 수가 있다. 그리고 그 전략에 어떤 약점이 있는지, 우리가 어떤 반격을 하면 되는지를 찾아낼 수 있을지도 모른다.

명저는 다른 말로 하면 이 세상의 많은 사람이 참고하고 있는 '기준'과도 같은 것이다. 기준을 모르고 하는 비즈니스는 성공할 수 없다. 여기서는 지금까지 나온 책 중에서 많은 사람들이 읽는 책을 우선순위로 소개한다.

참고로 이번에는 8개 분야에 들어가지 못한 'IT와 디자인', 그리고 '커뮤니케이션과 영어'에 대해서도 간략히 살펴보도록 할 것이다. 'IT와 디자인'의 조합은 이미 주요 과목이라 해도 좋을 정도지만 8개 분야와 병행해서 공부하기보다는 좀더 응용을 할 수 있는 단계에 들어가서 시작해도 된다.

다만 앞으로 'IT와 디자인'을 아느냐 모르느냐로 격차는 더욱더 크게 벌어질 것이다. 특히 디자인은 글로벌 시장에서 일본인의 대다수가 잘하지 못하는 분야이다. 관심이 있는 사람은 이 분야를 파고들어 보면 좋다. 그리고 8개 분야의 독서로 어느 정도의 힘이 생겼다면 그 사람도 역시 도전해 봤으면 하는 분야이다.

'커뮤니케이션과 영어'는 문자 그대로 우리말로 하는 커뮤니케이션 기술, 매너나 제스처 같은 비언어적 커뮤니케이션 지식, 그리고 영어 실력을 의미한다. 이 분야의 '부분 연습'도 중요하지만 독서보다는 실천을 통해 지혜를 얻을 수 있는 것이 대부분이다. 또 내가 이야기하기에는 썩 적절치 않은 분야이기도 하다. 그리고 다른 분야와 균형도 맞지 않으니 이 책에서는 생략하도록 하겠다. 전문가가 많은 분야이니 독서와는 별개로 우리말과 영어 커뮤니케이션 능력 향상을 위해 꾸준히 노력하기 바란다.

반드시 읽어야 할
경제경영서의 8가지 분야

비즈니스를 할 때 자기 분야의 전문가가 되기 위해서는 반드시 필요한 8가지 분야가 있다. 이제 하나씩 살펴보도록 하자.

1. 회계, 재무_'손익계산서'는 위에서부터 중요한 순서대로 씌어져 있다

회계와 재무를 가장 먼저 이야기하는 데에는 아주 큰 의미가 있다. 회계를 모르는 이상 아무리 경제경영서를 읽어도 그 내용을 정확히 이해하고 평가하기 어렵다. 그러니 경제경영서를 읽으며 자신에게 도움이 되는 부분에 밑줄을 긋고 싶다면, 우선 회계와 재무의 기초 지식부터 공부했으면 한다.

기업회계에는 재무제표라고 하는 기초적인 서류가 있고, 그중에서도 가장 중요한 3가지를 '재무3표'라고 한다. 재무3표는 손익계산서, 대차대조표, 현금흐름표다. 여기서는 회계라고 하면 알레르기 반응을 일으키는 독자들을 위해 '손익계산서'만을 가지고 회계 공부의 중요성에 대해 설명하려 한다.

'손익계산서'는 어느 기간(통상은 영업연도)의 수익과 비용, 그리고 이익을 계산한 서류다. 매출액, 매출원가, 판매비 및 일반관리비(판관비), 영업외손익, 세금, 당기순이익 등 6개 항목으로 나눌 수 있다. 이해하기 쉽도록 이 책에서는 특별이익, 특별손실은 다루지 않는다.

여기서 중요한 건 순서다. '위에서부터 중요한 순서대로 항목이 나열되어 있다'는 사실만 알아도 회계가 어렵다는 생각을 덜어 낼 수 있다. 다시 말해, 고객→거래처→종업원→은행→나라→주주의 순서다. 제일 위에 있는 '매출액(고객)'이 가장 중요하다. 손익계산서의 금액이 위로 갈수록 커진다면 적자가 나고 있는 기업은 아니라고 볼 수 있다.

기업 경영을 악화시키는 요인으로는 무엇이 있을까? 매출 감소, 원가 상승, 인건비 상승 등이다. 모두 기업을 위태롭게 만드는 요인이지만 가장 큰 문제는 매출 감소다. 이것만 알아도 경영자의 관점으로 경제경영서를 읽을 수 있게 된다.

상사나 임원들에게서 "직원들이 경영자 감각으로 일했으면 좋겠다."라는 말을 들은 적이 있을 것이다. '경영자 감각'의 첫 번째는 손익계산서의 6개 항목과 순서를 알고 있느냐 하는 점이다.

존슨앤존슨의 유명한 사훈 '우리의 신조'는 그 자체가 명문이지만, 읽다 보면 깨닫게 되는 사실이 하나 있다.

존슨앤존슨의 '우리의 신조'

우리의 제1의 책임은, 우리의 제품 및 서비스를 사용하는 의사, 간호사, 환자, 그리고 어머니, 아버지를 비롯한 모든 고객에 대한 것이라고 확신한다. (중략) 적정한 가격을 유지하기 위해 우리는 항상 제품 원가를 낮추는 노력을 하지 않으면 안 된다. (중략)

우리의 제2의 책임은, 전 사원에 대한 것이다. 사원 한 사람 한 사람을 개인으로서 존중하고 존엄과 가치를 인정하지 않으면 안 된다. (중략)

우리의 제3의 책임은, 우리가 생활하고 일하고 있는 지역사회, 더 나아가 전 세계 공동사회에 대한 것이다. 우리는 좋은 시민으

로서 유익한 사회사업 및 복지에 공헌하고 적절한 조세를 부담하지 않으면 안 된다. (중략)

우리의 제4의 책임 그리고 마지막 책임은, 회사의 주주에 대한 것이다. 사업은 건전한 이익을 내지 않으면 안 된다.

눈치가 빠른 독자라면 알아차렸을지도 모른다. '우리의 신조'는 다음과 같은 순서로 메시지가 씌어져 있다.

고객을 소중히 한다 / 제품원가를 낮춘다 / 사원을 존중한다 / 지역사회, 공동사회에 공헌한다 / 조세를 부담한다 / 이익을 낳는다

앞서 소개한 '손익계산서'에 씌어져 있는 6개 항목의 순서를 다시 보도록 하자.

매출액(고객) / 매출원가(거래처) / 판관비(종업원) / 영업외손익(은행) / 세금(나라) / 당기순이익(주주)

위에서 나열한 2가지를 겹쳐 놓아 보자.

고객을 소중히 한다(고객) / 제품원가를 낮춘다(거래처) / 사원

을 존중한다(종업원) / 지역사회, 공동사회에 공헌한다(은행) /

조세를 부담한다(나라) / 이익을 낳는다(주주)

아주 멋지게 일치한다. 이런 일이 우연히 일어날 리가 없다. 기업이 발전하기 위해서는 '손익계산서의 6개 항목을 위에서부터 순서대로 중요하게 여겨야 한다'는 사실을 존슨앤존슨은 아주 잘 알고 있는 것이다. '우리의 신조'를 충실히 실천하는 한, 적자는 절대 나지 않는다.

매출액 중에서도 현금(현금과 예금)을 어떻게 얻고 있는지, 비율은 어떻게 되는지를 눈여겨볼 수 있을 정도가 되면, 대차대조표나 현금흐름표가 궁금해진다. 나아가 여러 기업의 상태나 주가, 강점과 약점을 이해할 수 있게 된다.

경제경영서를 읽으면서 기업분석을 할 때에는 이것들이 나오는 부분에 밑줄을 칠 것이다. 예를 들어 '돈이 먼저 들어오는 구조'를 만들 수 있다면 경영은 안정된다. 철도 회사가 IC카드에 충전을 재촉하는 이유는 손님에게 먼저 돈을 받는 것이 경영 건전화에 도움이 되기 때문이다.

일본이 자랑할 만한 성장 기업 '유니참'에 대해서는 제4장에서 이야기하겠지만, 유니참만 놓고 보면 유니참의 대단함을 알 수 없다. 재무 상태를 비교할 대상이 필요하다. 유니참과 마찬가지로 세계 시장을 주요 무대로 싸우고 있는 프록터앤드갬블이나 킴벌리 클라크와 비교하면 어떤가?

재무 분석의 기초를 다져 놓으면 숫자에서 강점이 보이게 된다. 그렇게 되면 해외여행을 가서 현지의 슈퍼마켓만 살펴봐도 각 제조업체가 어떤 생각으로 이런 상품 구성을 했는지가 보인다. 회계를 알게 되면 회사나 세상의 구조가 보인다. 나는 못한다는 생각을 극복하고 꼭 '부분 연습'에 몰두해 보기 바란다.

📖 회계, 재무 공부를 위한 추천서

- **이시지마 요우이치, 《기업을 알려면 재무제표를 읽어라》, 국내 미출간**

  회계 초보가 기초를 공부하기 위한 첫 번째 책으로 최적이다. 회계뿐만 아니라 숫자에 약한 사람도 회계의 구조를 이해할 수 있도록 쉽게 설명되어 있다.

- **구니사다 가쓰노리, 《결산서가 술술 읽히는 재무3표 일체 이해법》, 국내 미출간**

  기본편, 실전편으로 출간된 2권짜리 입문서로, 재무3표의 관계성을 단번에 이해할 수 있는 획기적인 책. 특히 도표를 이용한 해설 덕분에 이해하기 쉽다.

- **아사쿠라 토모야, 《회계에서 파이낸스까지》, 더블유미디어**

  저자는 투자신탁평가기관 모닝 스타의 대표. 문학을 전공했으나 자비로 해외 유학을 가서 MBA를 취득하는 등 독학으로 재무 관련 공부를 했다. 재무의 본질, 현금흐름표의 움직임으로 본 회사의 유형, 기업 비교분석, 매수 가치 산출 방법 등 앞의 두 책보다 난이도는 높지만 쉽게 설명해 준다. 기업을 현금흐름별로 8가지 유형으로 나눈 도표가 돋보인다.

■ 사쿠라이 히사카츠, 《재무제표 분석》, 국내 미출간

앞의 3권을 읽고 나서 회계나 재무 분석에 관심이 더 생겼다면 꼭 읽어 봤으면 하는 책. 계속해서 개정되어 현재는 7판까지 출간된 명저다. 실제로 내가 대학에 다닐 때 보던 교과서이기도 하다. 회계사가 될 생각이 아니라면 전부 읽을 필요는 없지만, 앞부분만이라도 읽어 볼 가치가 있다.

2. 전략_다른 사람이 따라 할 수 있는 전략인지를 보자

말할 필요도 없이 전략은 아주 중요하다. 당신이나 당신의 회사가 '독자' 전략을 세울 수 있다면 시장에서의 경쟁 우위를 차지할 수 있다.

김위찬과 르네 마보안이 공동으로 저술한 《블루오션 전략》Blue ocean strategy이라는 베스트셀러가 있다. 경영자나 관리자들이 많이 읽고 이 전략을 도입하고 있다. '블루오션 전략'은 플레이어가 밀집된 기존의 '레드오션'을 벗어나 경쟁자가 없는 새로운 시장에서 상품을 창조해 이익의 폭을 최대로 늘려가는 전략이다. 다시 말해 경쟁자가 없는 시장을 찾아내는 것이다.

하지만 이 전략에는 치명적인 결점이 있다. 그 어떤 시장도 '계속 블루오션일 수는 없다'는 단순한 진리가 그 핵심이다. 한때 블루오션이었다 할지라도 바로 다른 플레이어들이 뛰어들면 금세 레드오션이 되고, 가격 경쟁의 소용돌이에 휘말려 버린다. 황급히 다음 블루오션을 찾는다면 좋겠지만, 문제는 쉽게 찾아지지 않는다는 데 있다.

크리스 앤더슨의 《프리》The future of a radical price라는 책이 베스트셀러가 된 것은 2009년이다. 그런데 현재 무료 전략을 써서 경쟁 우위를 유지하고 있는 기업이 있을까? 모두가 무료 전략을 시작한 후 어떻게 경쟁 우위를 유지할까?

워런 버핏은 빌 게이츠와의 대화에서 "이노베이션으로 앞서가고, 품질을 올려도 장기적으로 보면 누군가가 모방하기 때문에 경쟁 우위를 잃게 된다."라고 말했다. 예를 들어, 미국의 경영학자 마이클 포터의 《마이클 포터의 경쟁 전략》Competitive strategy을 모두가 읽고 공부한다면, 결국 차별성은 사라지고 모두가 똑같아진다. 그래서는 경쟁 우위를 계속 이어갈 수 없다.

전략을 공부할 때의 핵심은 '타사가 따라 할 수 없는 전략을 세울 수 있는가'이다. 그렇기 때문에 쉽게 흉내 낼 수 없는 전략을 세운 기업이나 경영자에게서 배워야 한다. 책을 읽고 독자적인 전략이 엿보이는 부분에 밑줄을 그으면 전략적 사고를 익히고 지속 가능한 경쟁 우위를 흡수할 수 있게 된다.

얼핏 보면 전략과는 관계가 없어 보이는 시오노 나나미의 《바다의 도시 이야기》海の都の物語에서 말하는 베네치아 공화국 번영의 비결이나 조지 프리드먼의 《100년 후》The next 100 years에서 말하는 미국의 장기적인 우위도 따라 할 수 없는 경쟁 우위에 대해 생각하는 좋은 계기가 된다.

같은 전략을 쓰는 경쟁자가 나타나면 비즈니스는 위험해진다. 당신만의 독자적인 전략을 마련한다는 생각으로, 명저에 밑줄을 그어 보기 바란다.

📘 전략을 공부하기 위한 추천서

■ 미타니 고지, 《경영전략 논쟁사》, 엔트리

대학에서 경영전략을 배우지 않은 사람이 경영전략에 대해 빨리 배울 수 있는 최적의 책. 전략론의 역사적 흐름과 위인들의 에피소드가 많이 실려 있어 경영전략의 기본을 이해할 수 있다.

■ 구스노키 겐, 《히스토리가 되는 스토리 경영》, 국내 미출간

일회성이 큰 비즈니스 모델로는 경쟁에서 우위를 차지할 수 없다고 말하며,

경쟁자의 모방을 막으려면 시간의 흐름이 포함된 인과 논리가 있어야 한다고 설명한다. 스타벅스, 아마존, 세븐일레븐 등 다양한 기업들의 성공 사례를 볼 수 있다. 특히 아마존의 전략 스토리를 나타낸 그림과 도표가 돋보인다.

■ **클레이튼 크리스텐슨, 《혁신기업의 딜레마》, 세종서적**

잘 되는 사람은 잘 되는 전략을 놓치지 않는다. 거기에 신규 참여의 기회가 있다. 참여 여부는 참여할 수 있는가 없는가 하는 능력의 문제뿐만 아니라, 참여하고 싶은가 아닌가에 대한 의사와 감정의 문제도 있음을 설명한 명저.

■ **리처드 루멜트, 《전략의 적은 전략이다》, 생각연구소**

자원거점이론Resource Based View의 대가 리처드 루멜트가 쓴 전략의 본질론. 전략은 상대의 약점에 상대적 강점을 적용하는 것이라고 주장한다. 제1차 세계대전, 제2차 세계대전, 걸프전쟁 등의 전략부터 IKEA, 월마트, 애플 등의 경쟁 우위 전략까지 다룬다. 340페이지가 넘는 책이지만, 잠깐 읽어보는 것만으로도 여러 가지 아이디어를 얻을 수 있는 명저다.

3. 마케팅_판매할 필요 없게 하라

마케팅의 신 필립 코틀러는 '마케팅이란 고객에게 가치를 창조,

전달, 제공하고 조직과 조직을 둘러싼 이해관계자가 이익을 얻도록 고객과의 관계성을 관리하는 조직의 기능 및 일련의 과정이다'라고 정의했다. 하지만 이 말은 좀처럼 쉽게 외워지지 않는다. 다만 여기서 짚고 넘어가고 싶은 것은 마케팅은 '이해관계자가 이익을 얻게 한다'는 기본적인 기능을 갖고 있다는 점이다.

마케팅의 목표는 판매할 필요가 없게 만드는 것이다. 요약하자면 판매는 물건이나 서비스를 파는 것, 소위 말하는 '영업'이다. 애써 '영업'을 해서 팔지 않더라도 물건이나 서비스가 잘 팔리는 상태를 만드는 것이 마케팅의 기능이다.

요즘은 판매를 하려고 하면 오히려 고객이 물건이나 서비스에 대한 가치를 의심한다. 머리를 숙이고 사달라고 부탁하면 '이렇게라도 하지 않으면 팔리지 않는 물건인가?', '혹시 불필요한 비용이 붙어 있는 것은 아닐까'라는 생각을 하기 시작한다. 반대로 마케팅이 성공해 고객이 자발적으로 사러 오는 상황이 만들어지면, 판매자와 구매자 사이에 신뢰관계가 형성되어 판매는 더 활성화된다.

경제경영서를 통해 마케팅을 배울 때는 '판매할 필요 없이 팔리는 방법을 어떻게 제시하고 있는가?'를 보면 된다. 스타벅스는 왜 광고를 하지 않는데도 브랜드를 계속 유지할 수 있을까? 그 원인을 더듬어 찾아보면 직영점을 고수함으로써 무리한 효율을 추구하지 않고, 보다 쾌적함을 유지하고 있음을 알 수 있다.

경쟁사보다 비싼 커피를 파는데도 고객들이 줄을 서는 이유는 비효율을 의도적으로 허용하고 있기 때문이라는 사실을 읽어 낼 수 있게 된다. 요즘의 경영은 대부분 효율, 정확히 말해 자기자본이 익률의 최대화를 목표로 하고 있다. 그러나 이것만 신경 쓰면 결국 다른 기업과 같아진다. 효율을 무시할 수 있는 경영자의 존재가 마케팅 파워의 원천이다.

'정보'라는 관점에서도 마케팅의 의미는 바뀌고 있다. 도쿄의 요요기우에하라에 '주켄 하우징'이라는 지역밀착형 중소부동산 회사가 있다. 이 회사의 영업 담당자는 영업은 거의 하지 않고 오로지 홈페이지를 갱신하는 일에 열심이다. 매일매일 물건의 새로운 정보를 갱신하는 것이다.

예전과는 달리 고객은 다양한 수단으로 정보를 검색해서 비교할 수 있는 위치에 있다. 예를 들어, 임대 물건을 찾는다면 살고 싶은 지역의 자세한 정보, 물건의 면적이나 설비, 건축연도 등에 따른 임대료의 시세 등 상세한 정보를 볼 수 있다. 이런 고객에게 원치 않는 물건을 판매해 봤자 의미가 없다.

주켄 하우징은 이 사실을 알고 있었기 때문에 최신 정보를 많이 다루는 일에 가치가 있고, 거기에 고객을 끌어당기는 힘이 있다고 생각했다. 이처럼 무엇이 고객 스스로 움직이게 하는가가 마케팅의 핵심이다. '영업'을 강조하고, 영업의 힘으로 잘 되고 있다고 말하는 경영자의 책은 의심하면서 읽어야 한다. 영업은 인간만이 할 수 있는데 인간만큼 비용이 많이 드는 자원은 없기 때문이다.

시시때때로 변해 가는 세계에 맞춰 마케팅도 변하고 있다. 마케팅의 기초를 다지고 싶다면 앞으로 어떤 변화가 일어날지를 언급한 부분에 밑줄을 그으면 된다. 마케팅은 내 전문 분야이기도 해서 추천하고 싶은 책이 많지만 어렵게 아래의 5권으로 좁혀 보았다.

📖 마케팅 공부를 위한 추천서

■ 알 리스 · 잭 트라우트, 《포지셔닝》, 을유문화사

세계적인 마케팅 전략가 2명의 역사적 명저가 일본에서는 다시 출판되었다. 여기 담긴 내용은 아직까지도 퇴색되지 않고 있으며, 오히려 훨씬 유효해지고 있다. 소비자 머릿속에 있는 인식을 이용해 포지션을 구축해 관계성을 표현해 가는 수법이 포지셔닝이다. '씽크 스몰'Think small로 오히려 작음을 강조해 성공한 폭스바겐 비틀 등의 사례를 통해 구체적인 방법론을 배울 수 있다.

■ 알 리스, 《경영 불변의 법칙》, 비즈니스맵

집중화, 즉 사업을 좁혀 이익을 내야 한다고 설명한다. 사업 확대나 다각화로 규모를 키워도 결과적으로는 이익률뿐만 아니라 이익금도 감소해 버리는 경향이 있다는 사실을 데이터로 보여 준다. 흥미진진한 책이다.

■ 존 케이플즈, 《더 카피라이팅》, 국내 미출간

마케팅의 중요한 분야인 카피라이팅의 바이블이다. 《어느 광고인의 고백》 Confessions of an advertising man으로 알려진 '광고의 아버지' 데이비드 오길비나 칸다 마사노리神田昌典가 참고한 명저다. 실증을 바탕으로 한 카피라이팅의 교재는 원래 많지 않다. 소구할 포인트의 중요성이나 효과의 검증을 실제 사례와 함께 설명하고 있다.

■ 스티븐 퀴츠 · 아네트 아스프, 《Cool 뇌는 왜 '멋진 것'을 사버리는가》, 국내 미출간

이 책을 쓰면서 읽은 책 중에 가장 괜찮은 책이었다. 쿨하다고 여겨지는 것이 왜 쿨한가? 그리고 왜 시간이 흐르면 금세 쿨하지 않게 되는가? 인간의 뇌는 무엇을 가지고 '쿨하다'고 여기는가? 가격과 '정보비용' 측면에서 수수께끼를 풀어 간다. 밑줄만 그은 게 아니라 나도 모르게 네모박스를 만들어 버린 부분이 있는 책이다. 그 부분이 어디인지는 나중의 즐거움으로 남겨 두도록 하겠다.

■ 필립 코틀러 · 케빈 레인 켈러, 《마케팅 관리론》, 국내 미출간

1,000페이지 가까이 되는 대작이지만 '반드시 읽으라'고 해도 좋을 정도로 추천하는 교과서이다. 경영 전반에 IT화가 이루어진 후, 마케팅의 신이라고 불리는 필립 코틀러가 채울 수 없었던 부분을 브랜드 경영의 대가인 케빈 레

인 켈러가 보완해 부활했다. 이 책을 읽으면 자포스나 우버, 에어비앤비가 왜 히트하는지 이해할 수 있게 될 것이다. 예전이라면 미국에 가야지만 배울 수 있었던 수많은 사례를 단돈 36,000원에 구입해 읽을 수 있다.

4. 운영관리_하루아침에 따라 할 수 없는 차별점

개념적으로 말하면 '운영'이지만 내 나름대로 의미를 해석하자 면 '현장 사람들의 움직임'이라고 생각한다. 운영관리가 탁월하다 면 경쟁 우위를 구축할 수 있다. 얼마 전 프랜차이즈 이자카야 츠 카타노죠塚田農場에 갔다. 성공한 기업들이 어떻게 운영관리를 하는 지 살펴보기 위해 가끔씩 현장에 간다. 소매업이나 서비스업은 직 접 볼 수 있기 때문에 안 갈 수가 없다.

역시나 츠카타노죠의 운영은 훌륭했다. 어느 종업원이나 미소가 넘쳤고, 손님이 나갈 때 배웅하는 자세까지도 완벽했다. 좋은 서비 스와 환대. 종업원 모두가 훌륭하게 접객을 하고 있는 배경에는 '무 조건 웃어라', '고객을 감동시켜라'라는 경영자의 강요가 있는 것이 아니었다. 불필요한 일을 줄이고 종업원 모두가 확신을 갖고 납득 한 다음에 움직이게 하는 뛰어난 운영이 있었다. 이것이 다른 프랜 차이즈에서는 쉽게 따라 할 수 없는 경쟁력이다.

지금까지의 많은 전략론은 앞에서 이야기한 대로 결국 차별화를 지속하지 못했다. 하지만 츠카타노죠와 같은 뛰어난 운영은 하루아침에 따라 할 수 없다. 갑자기 종업원에게 감동의 접객을 하고, 긍정적으로 일하라고 강요한다고 해서 단숨에 가능해지는 일이 아니다.

이런 사례는 우리 주변에도 많이 있다. 세븐일레븐은 어떻게 해서 편의점의 왕자가 될 수 있었을까? 유니클로는 왜 SPA(생산단가와 유통비용을 줄이기 위해 자체 생산, 자체 소매하는 방식)로 세계 시장에 도전장을 내민 것일까? 이들의 비결을 알고 싶다면 지금 당장 매장에 가서 종업원들의 움직임이나 상품의 위치를 살펴보면 된다.

뛰어난 운영관리를 배울 수 있는 최고의 롤모델은 '도요타 자동차'이다. 다른 자동차 제조업체가 많은데도 불구하고 도요타는 오랜 시간 동안 세계 시장에서 승리를 거두고 있다. 솔직히 말해 자동차 자체에 결정적 차이가 있다고 보기는 어렵다. 차이가 있다고 해도 아주 근소한 차이일 것이다.

도요타는 시대가 변하면 변할수록 뛰어난 운영관리 덕분에 같은 비용으로 훨씬 더 좋은 상품, 훨씬 더 많은 상품을 만들어 냈고, 덕분에 결정적인 경쟁 우위를 획득했다.

군살이 많은 기업과 비교해 보면 불필요한 군살을 덜어낸 기업은 같은 자원으로도 훨씬 더 빨리, 훨씬 더 싸게 상품을 만들어 낼 수 있다. 그리고 자사에게는 흑자지만 경쟁사에게는 적자가 되는 곳에서 싸우게 만들어 놓는 것만으로도 상대를 확실히 물러나게 할 수 있다.

도요타도 유니클로도 이런 뛰어난 운영에 세계적인 강점이 있다. 기업의 사례를 공부할 때 이런 관점을 갖고 있으면 그 기업이 강한 진짜 이유를 잘 들여다볼 수 있게 될 것이다.

📖 운영관리를 공부하기 위한 추천서

■ 엘리 골드렛, 《더 골 The Goal》, 동양북스

두꺼운 책이지만 소설 형식이기 때문에 쉽게 읽을 수 있다. 중요한 포인트는 TOC Theory Of Constraints (제약이론)인데, 전체 생산량을 늘리기 위해서는 불균형을 만드는 '병목현상' Bottleneck 의 해소를 최우선으로 해야 한다고 말한다. 가장 생산성이 낮은 곳을 개선하지 않으면 전체의 생산량은 늘지 않으며, 결과적으로 이익이 늘지 않는다. 특히 어떤 문제가 발생했을 경우, 문제의 핵심인 근본 원인을 밝히지 않고 다른 곳에서 열심히 하는 건 헛수고일 뿐임을 강조한다. 규모가 큰 회사의 사원일수록 체감하기 힘든 귀중한 관점이 이 책에 담겨 있다.

■ 오노 다이이치, 《도요타 생산방식》, 국내 미출간

운영관리에 관해 공부한다면 앞에서 소개한 《더 골 The Goal》과 이 책이면 충분하다. 그만큼 대단한 명저다. 일본에서 1978년에 초판이 나왔는데, 필요할 때 필요한 부품만 확보하는 도요타의 '간판방식'이라는 경영방식의 기원을 만들었다. 부사장까지 역임했던 저자의 철학과 말은 기술이 아무리 바뀌어도 아직까지 계속 전해지고 있으며 업계를 뛰어넘어 계속 영향을 미치고 있다. 왜 그렇게 했는지, 어떻게 성과를 냈는지 저자 본인이 직접 경험한 것들을 책으로 썼기 때문이다. 앞에서 '전략을 항목별로 분류해 놓은 책은 좋은 책이다'라고 했는데, 이 책에 나오는 '낭비의 열거'는 그 전형적인 예다.

5. 조직관리와 리더십_관리자와 리더의 '차이'를 알자

조직관리와 리더십은 다르다. 혼동하기 쉽지만 관리자와 리더의 역할은 명확히 다르다. 조직관리와 리더십을 공부할 때에는 이 전제조건을 알고 시작하는 것이 무엇보다 중요하다. 리더란 비전을 제시하고 방향을 지시하는 사람이다. 관리자는 문자 그대로 관리(매니지먼트)를 하는 사람이고, 리더가 지시한 방향으로 나아가기 위해 조직을 하나로 모으는 사람이다.

역할과 책무가 100퍼센트 다르다 해도 과언이 아니다. 나중에 소개할 《최고의 리더, 매니저가 항상 생각하고 있는 한 가지》The one thing you need to know는 이 점을 명확히 설명하는 좋은 책이다. 이 책에서 말하는 몇 가지 포인트를 살펴보자.

우수한 관리자는 선택의 여지가 없다는 것, 자신의 책무를 완수하기 위해서는 '부하의 마음'에서부터 시작할 수밖에 없다는 사실을 알고 있다. 하지만 리더는 절대 현실에 만족하지 않는다. 현실과 가능성의 충돌이 리더를 불타오르게 하고 전진하게 만든다.

다시 말해, 관리자는 조직이나 부하를 보는 데 집중하고, 리더는 미래를 보는 데 집중한다. 그래서 우수한 관리자는 겸허하지만 우수한 리더는 결코 겸허하지 않다. 이런 측면에서 보자면 손정의나 미키타니 히로시三木谷浩史는 관리자가 아닌 리더다.

그렇다면 조직관리와 리더십이 지금까지 계속 혼동되었던 이유는 무엇일까? 기업 내에서 리더나 관리자의 역할을 혼동하거나 애당초 리더와 관리자의 역할을 동시에 다 해야만 했던 중간관리자가 많았기 때문일 것이다. 관리자와 리더의 역할 차이를 알게 되면 나는 어떤 유형이고 어느 쪽 요소가 부족한지 알게 된다.

그렇게 되면 "우리 회사 사장은 늘 뜬구름만 잡는다."라며 화를 낼 일도 없다. 경영자와 관리자의 역할과 그 차이를 명확히 이해하고 나면, 회사의 리더인 사장이 미래를 내다보는 것이 당연하다는 걸 알게 되기 때문이다.

독자로서 경제경영서에 줄을 그을 때는 리더십과 조직관리 둘 중 어느 쪽의 관점이 중요하다고 생각하는가? 당신이 지금 관리자

로서 책을 읽고 있는지 리더로서 읽고 있는지를 명확히 인식해야
한다. 이와 관련해 읽어 두면 좋은 명저를 살펴보자.

📖 조직관리와 리더십을 공부하기 위한 추천서

■ **스티븐 로빈스, 《조직행동론》, 국내 미출간**

세계에서 가장 많이 읽히고 있는 조직행동학의 교과서. 조직관리에 관해서
는 다른 책을 읽기 전에 읽었으면 하는 결정적인 한 권의 책이다. 관리자들
이 개인의 경험을 토대로 쓴 책도 매력적이지만, 조직행동학에 입각해 개인
의 행동이나 동기부여를 연구한 이 책을 읽고 난 후에 그 책들을 읽으면 이
해할 수 있는 부분이 달라진다. 어떤 사람이 관리자로 적합한지에 대한 내용
도 있으며, 자신이나 타인이 관리자로 적합한지, 리더로 적합한지를 판별할
수 있는 실용적 내용도 다루고 있다.

■ **마커스 버킹엄, 《최고의 리더, 매니저가 항상 생각하고 있는 한 가지》, 국내
미출간**

《위대한 나의 발견 강점혁명》Strengths finder 2.0으로도 알려진 마커스 버킹
엄은 미국의 유명 조사기관 갤럽 출신으로 장기간 일류 기업의 리더, 관리자
를 조사했다. 그 결과가 뛰어난 리더, 관리자의 자질, 마음가짐, 기술 등의 세
부 항목별로 그들이 어떤 정책을 펼쳐 왔는가를 정리했다.

■ 에이브러햄 매슬로, 《완전한 경영》, 국내 미출간

위대한 심리학자이자 '자기실현' 개념의 제창자 에이브러햄 매슬로의 저서로 아는 사람은 다 아는 명저. 피터 드러커를 비롯해 많은 사람이 추천하는 책이다. 주로 리더십에 관해 다루고 있지만, 리더에 적합한 인간 유형을 심리학적 접근법으로 설명하고 있기 때문에 자신이 리더에 적합한지 관리자에 적합한지 판별할 수 있다. 실제로 자기실현을 할 수 있는 사람이 한정되어 있다는 냉혹한 사실도 알 수 있다.

■ 짐 콜린스, 《좋은 기업을 넘어 위대한 기업으로》, 김영사

이 책에서는 위대한 기업으로 도약한 기업을 연구했는데, 거기 나타난 '단계 5의 리더십'이라는 개념이 매우 중요하다.

흥미로운 이야기는 성과를 낸 조직의 리더들이 미국적인 도전 의식과 자신감으로 무장한 채 앞에 나서는 유형이 아니었다는 점이다. 좋은 회사를 위대한 회사로 도약시킨 리더들은 대체로 조용하고 조심스러우며, 잘 나서지 않는 겸양을 갖춘 리더들이었다.

6. 상품개발_'좋은 상품'은 시대와 함께 변한다

소비자에게 '좋은 상품'은 시대와 함께 변화해 간다. 당신은 지금

성공하고 있는 히트 상품의 비결을 알고 싶어 관련 서적을 읽겠지만, '좋은 상품은 변화해 간다'는 사실을 알고 있느냐 모르느냐에 따라서 보이는 것이 달라질 것이다.

히트한 상품의 원인과 법칙을 조사해 집필한 책을 읽을 때는 유념할 것이 있다. 시대의 변화에 따라 금세 진부한 상품이 되어 버리는 사례도 있고, 반대로 불변하는 진리도 있기 때문이다. 이미 의의를 잃어버린 성공 사례에 밑줄을 그을 바에는 차라리 그 책을 읽지 않는 편이 나을지도 모른다. '오레노 이탈리안' 등으로 알려진 '오레노 주식회사'가 좋은 사례인데, 이는 제6장에서 더 자세히 다루려 한다.

성공한 기업은 자사가 개발한 매력적인 상품을 가지고 있다. 닛신식품日清食品의 컵누들, 이세伊勢의 명물 아카후쿠赤福 등의 상품이 개발되었기 때문에 그 기업들은 살아남을 수 있었다. 만약 그 상품이 개발되지 않았다면 기업으로서 존속하지 못했을지도 모른다. 컵누들과 아카후쿠는 시대가 변했음에도 아직까지 많은 소비자에게 사랑받고 있다.

시대의 흐름에 맞춰 변하는 '좋은 상품'과 특정 시대에서만 사랑받는 '좋은 상품'. 당신 회사의 상품은 어느 쪽인가? 어느 쪽인지를 확실히 가려낼 수 없다면 머지않아 궁지에 몰리게 될지도 모른다. 이와 관련해 도움이 되는 2권의 책을 살펴보자.

📓 상품개발을 공부하기 위한 추천서

■ **톰 켈리 · 조너선 리트맨, 《유쾌한 이노베이션》, 세종서적**

저자 톰 켈리는 저명한 디자인 컨설팅 기업 IDEO의 공동 창업가이다. 이 책은 상품개발에 있어서 관찰의 필요성과 중요성에 대해 설명한다. 관찰 결과 쇼핑 카트의 디자인을 어떻게 바꾸었는가에 대한 사례가 아주 흥미롭다. 상품개발의 중요성을 깨달을 수 있는 책이다.

■ **스티븐 퀴츠 · 아네트 아스프, 《Cool 뇌는 왜 '멋진 것'을 사버리는가》, 국내 미출간**

앞서 언급했으나 다시 소개한다. 원래 이 책은 상품개발에 관한 이야기를 하고 있다. 쿨한 것, 즉 멋진 것은 시대와 함께 변해 간다는 이야기가 핵심. 상품개발에 있어서 '정보비용'이 높은 것이 가치가 있다는 취지의 문장에서는 소름이 돋을 정도였다. 잘 부여된 스토리가 왜 판매로 이어지는지를 알 수 있는 명저다.

7. 통계_데이터 읽는 법을 알면 미래를 예측할 수 있다

'통계'는 통계학을 배우지 않았던 사람에게는 매우 머리가 아픈 분야일지도 모른다. 통계 공부의 가장 큰 이점은 '미래를 예측할 수 있게 된다'는 점이다. 아마존의 제프 베조스는 왜 높은 보수를 받는 헤지펀드의 부사장이라는 직책을 내던지면서까지 독립해 지금의 비즈니스에 주력했을까? 그것은 인터넷 성장과 관련된 데이터를 보고 '앞으로의 전자상거래 성장'을 예측했기 때문이다. 데이터를 분석하고 거기에서 미래를 발견한 것으로 자신의 인생뿐만 아니라 세계가 움직이는 방식도 바꿔 버렸다.

어떤 현상이 일시적인 것인가, 앞으로도 계속될 것인가. 눈앞에 있는 이야기에 데이터의 뒷받침이 있는가, 없는가. 이런 판별을 할 수 있게 하는 도구가 바로 통계 지식이다. 정치도, 경제도, 자연현상도, 그리고 스포츠도 모두 데이터 안에서 의미 있는 관계를 찾아내는 것에서부터 분석이 시작된다. 아무리 노하우가 늘고 도구가 늘어 빅데이터를 모아도 거기서 진실을 찾아내지 못하면 결국 결과는 나오지 않는다.

그렇다고 해서 머리 아픈 것을 참아 가며 억지로 통계학 공부를 하라는 말은 아니다. 그 정도 수준까지 공부할 필요는 없다. 전문가가 돼야 한다는 말은 아니니 고등학교 수준이나 대학 통계학의 기초 수준만 알아 두면 충분하다. 중요한 것은 통계를 사용할 때의 토대가 되는 통계 센스, 감각이기 때문이다.

📕 통계를 공부하기 위한 추천서

■ 도리이 야스히코, 《처음 배우는 통계학》, 국내 미출간

대학에서 통계학 입문자에게 가장 적합한 책으로 거론되는 유명한 교과서인데, 비즈니스를 하는 사람들이 통계학을 다시 공부할 때 읽으면 좋다. 초판이 1994년에 나온 탓에 거품붕괴와 같이 오래된 사례들이 실린 것은 조금 아쉽지만 본질은 변함이 없다. 어떤 값을 지불하더라도 반드시 사야 할 아주 유익한 책이다. 나라면 이 책을 사는 데 드는 돈을 절대 아끼지 않겠다.

■ 네이트 실버, 《신호와 소음》, 더퀘스트

최근에 출간된 통계 관련 책 중에서 가장 괜찮은 책. 방대한 정보에서 나온 결과 중 무엇이 예측에 활용할 수 있는 '신호'이고, 무엇이 오히려 예측을 방해하는 '소음'인지를 설명한다. 저자는 미국 대통령 선거에서 50개 주 중 49개 주의 결과를 예측했고, 상원의원 선거에서는 완벽한 예측을 했다.

책에는 이런 내용이 나온다. "뛰어난 야구 예측 시스템은 아래의 3가지 기본 요건을 만족시키지 않으면 안 된다. ① 선수 데이터의 배경을 설명한다. ② 운과 실력을 구별한다. ③ 선수의 실력이 연령에 따라 어떻게 변화하는지, 연령 곡선Aging Curve을 이해한다." 이 부분에서는 가슴이 설렐 정도였다. '수입이 많은 사람은 TV를 많이 본다'라는 결과에 대해서 나이가 많은 사람이 TV를 많이 보는 것일 뿐 수입과의 상관관계는 유사이론이라는 결론을 내리는 점도 납득할 수 있다. 통계를 무기로 예측 센스를 올리기 위한 참고서다.

마지막은 경제, 경제학이다. 많은 사람들이 경제학을 알아 두면 좋을 것 같다는 생각을 하지만, 경제학은 범위가 너무 넓고 배우는 데도 그만큼 시간이 걸리는 분야라 도전하기가 쉽지 않다. 실제 비즈니스를 하는 사람들 중에는 경제학은 어차피 탁상공론이라며 경시하는 사람도 있다. 하지만 그렇지 않다. '수요와 공급'이라는 기본 개념을 배우는 것은 매우 중요하다. 또한 '완전시장'의 개념을 이해하면 돈을 벌 수 있는 비즈니스 모델과 그렇지 않은 비즈니스 모델을 판별할 수 있게 된다.

'수요와 공급'의 개념은 왜 중요한가? 먼저 이 개념을 이해하지 못하면 경영의 주요 핵심인 적정한 가격 책정을 할 수 없다. 탁월한 경영자인 이나모리 가즈오稲盛和夫는 "가격 책정은 경영이다."라고 말한다. 수요가 많고 공급이 적으면 가격은 올라가고, 수요가 적고 공급이 많으면 가격은 내려간다.

문제는 전자의 상태인데도 적절한 가격을 붙이지 못하는 것이다. 가격이 너무 싸서 이익 폭이 줄어든다. 예를 들어 출판업계가 이런 함정에 빠지기 쉽다. 이 책에서 계속 '경제경영서는 싸다'라는 말을 했었는데, 심리적으로 싸게 느껴진다는 의미가 아니라 실제로 가격이 싸다는 의미다.

어떤 능력을 가진 사람이 책을 읽고 거기 나온 노하우를 실천하면 1,000만 원의 이익을 올릴 수 있다는 사실을 알았다고 하자. 그 사람에게 그 책은 5만 원이든 50만 원이든 비싸지 않다. 1,000만 원의 이익을 올릴 수 있기 때문이다. 하지만 출판사는 이런 원리로 가격 책정을 하지 않는다. 비싸게 팔 수 있는데도 싼 가격을 붙인다. 인쇄나 제본 비용 등을 역산해 적정한 책값을 매기는 것이다. 이렇게 안타까운 일이 또 있을까?

'수요와 공급'을 이해했다면 이런 일은 일어나지 않았을 것이다. 출판사뿐만 아니라 제조업체에서도 자칫하면 '비용 삭감'으로 생각이 흘러가기 쉽다. 하지만 확실한 이익을 내고 싶다면 비용을 5퍼센트 삭감하는 것보다 가격을 5퍼센트 인상하는 쪽이 낫다. 문제는 어떻게 이런 상태를 만드는가이다.

경제학에서 알아 뒀으면 하는 또 하나의 중요 개념이 있는데, 바로 '완전시장'이다. '완전시장'이란 모든 판매자와 구매자가 같은 조건에서 존재하고 있기 때문에 수요와 공급의 불균형이 순식간에 해소되어 어떤 수요자도 어떤 공급자도 자기가 가격을 결정하지 못하는 상태를 말한다. 서로에 대해 다 알고 있기 때문에 누구도 가격을 결정하지 못한다.

'완전시장'이 성립되면 상품 가격은 일물일가가 되고 이익은 한없이 제로에 가까워진다. 이 말은 이익을 올리기 위해서는 자사의 비즈니스를 가능한 한 '완전시장'에서 멀어지게 해야 하고, '완전시장'과 반대가 되도록 한다는 의미이기도 하다. 남들과 똑같은 상품을 만들지 않고, 정보를 주지 않고, 제조 기술을 독점하는 것이 포인트이며, 가격으로 승부를 해서는 안 된다. 경제학 책에서는 이런 것들을 배울 수 있다.

📗 경제학을 알기 위한 추천서

■ 사토 마사히코 · 다케나카 헤이조, 《경제가 그런 거였나》, 국내 미출간

방대한 경제학을 어디서부터 공부하면 좋을지 몰라 엄두도 못 내고 있는 사람에게는 우선 이 책을 추천하고 싶다. 광고 크리에이터로 활약하고 있는 사토 마사히코가 던지는 소박하지만 예리한 질문에 다케나카 헤이조가 답한다. 대담 형식이기 때문에 아주 읽기 쉽다.

■ 이호리 도시히로, 《30분 경제학》, 길벗

두 번째로 읽으면 좋은 책. 한편 경제학에 대해 약간의 기본 지식이 있는 사람에게 첫 번째로 읽을 책으로 추천하고 싶다. 2016년에 화제가 되었던 이 책은 대학 4년 동안 배우는 경제학의 핵심을 짧은 시간에 마스터할 수 있는 좋은 책이다.

■ 그레고리 맨큐, 《맨큐의 경제학》, 센게이지러닝

경제학을 본격적으로 파고들고자 한다면 스티글리츠의 책도 좋지만, 맨큐의

책이 이해하기 쉽고 평가도 좋다. 거시경제학, 미시경제학 둘 다 중요하지만

비즈니스에 특화한다면 우선 미시경제학부터 시작하면 된다.

어느 시기는 한 분야에 집중해도 된다

이상 8가지 분야로 나눠 부분 연습에 대해 대략적으로 정리해

보았다. 혹시 어떤 분야의 부분 연습이 필요한지 머릿속으로 그려

보았는가? 8가지 분야를 순서대로 공부해 가는 것도 좋지만 지금

관심이 있는 분야, 꼭 배워야만 하는 분야가 있다면 먼저 그 분야

에 집중해도 괜찮다.

마케팅 공부가 하고 싶을 때는 마케팅 책을 먼저 읽어라. 굳이 회

계나 통계 등 다른 분야의 책을 먼저 읽을 필요는 없다. 여러 번 이

야기하지만 여기서 소개한 추천 도서 역시 처음부터 끝까지 다 읽

지 않아도 된다. 가장 마음을 사로잡은 부분만 '10번 읽는' 방법도

있다. 읽으면 읽을수록 깊게 이해할 수 있을 것이다.

한 분야를 집중적으로 읽으면서 독서를 '수평전개'해 가면 된다.

예를 들어 마케팅에 대해 어느 정도 지식이 생겼다면 사람의 마음

을 움직이는 요소들에 대해 관심이 생길 것이다. 이때 광고의 아버지 데이비드 오길비의 《어느 광고인의 고백》이나 사사키 케이이치 佐佐木圭一의 《전달의 기술》傳え方が9割을 읽어 보자. 그러면 마케팅 공부를 하기 전에 비해 훨씬 더 깊이 있게 흡수할 수 있을 것이다. 그리고 관심은 점점 더 밖으로 퍼져 나간다. 이것이 바로 '수평전개'의 묘미다.

수평전개를 했다면 이제는 다시 한 번 예전에 읽었던 명저로 돌아가 보자. 너무 많이 읽어서 더는 배울 것이 없다고 생각할지 모르지만 다시 읽다 보면, 예전에 밑줄 그었던 곳이 아닌 다른 곳에 밑줄을 긋게 되는 경우가 있다. 그리고 예전에 받았던 느낌과는 사뭇 다른 느낌을 받을 것이다. 왜냐하면 그때의 나보다 지금의 나는 더 성장했기 때문이다.

부분 연습을 반복한 덕분에 힘이 생겼다. 좋은 책은 몇 번을 읽어도 좋은 책이다. 그러니 반복해서 읽고 새로운 부분에 밑줄을 그어 보기 바란다.

제4장

결과를 보지 말고
원인을 보자

숨겨진 성공의 광맥, 센터 핀을 찾아 밑줄을 그어라

왜 원인이 중요한지
생각하며 읽기

어떤 책에 '○○ 사는 20분기 연속 증수증익을 하고 있다'라는 내용이 있었다고 가정해 보자. 대단하다며 그 문장에 밑줄을 긋는다. 확실히 20분기 연속 증수증익은 좀처럼 쉽게 달성할 수 있는 일이 아니다.

하지만 여기에 밑줄을 그어도 당신에게는 아무런 도움이 되지 않는다. 어디까지나 '결과'일 뿐이기 때문이다. 중요한 것은 그런 결과를 가져온 원인이 무엇인가 하는 점이다.

다시 말하지만 중요한 것은 결과가 아니라 그 회사가 어떻게 이런 성장을 계속할 수 있었는가 하는 '원인'이다. 우수한 히트 상품을 가지고 있기 때문이라면, 어떻게 이런 상품을 만들어 낼 수 있었는가가 중요하다. 직원 교육을 어떻게 하고 있는가, 다른 회사가 따라 할 수 없는 점은 무엇인가가 중요하다.

'왜', '어떻게'라는 질문을 던지며 성공을 만들어 낸 '원인'을 찾아가야 한다. 그렇게 읽다 보면 대개 한두 군데 정도는 핵심 내용이 담긴 부분이 있다. 이런 부분을 발견했을 때 밑줄을 긋고, '나는 이 부분을 어떻게 응용할 수 있을까?'를 생각해 보면 된다.

'영업사원을 늘렸더니 매출이 올랐다'라는 내용이 있다고 해서 당신 회사도 똑같이 영업사원을 늘리면 된다는 말이 아니다. 영업사원을 늘렸다는 것은 '결과'일 뿐이다.

그 회사는 왜 영업사원을 늘렸을까? 정말로 영업 사원을 늘려서 매출이 올랐을까? 다른 요인이 있는 건 아닐까? 매출은 올랐는데 이익은 어떻게 됐지? 이렇게 사고를 해 가며 매출이 오른 진짜 원인을 알아낼 필요가 있다. 이런 작업 없이 결과인 '영업사원 증원'만을 보고 무작정 따라 하면 고정비용 상승으로 회사는 점점 힘들어진다.

이 책을 쓰고 있을 때 이치로 선수가 메이저리그에서 3,000안타를 기록했다. 굉장한 일이지만 일류 비즈니스맨이라면 3,000안타라는 결과를 보고 박수만 치고 있어서는 아무 것도 배울 수 없다. 이치로 선수가 어떻게 해서 계속 기록을 갱신할 수 있었는지, 몸과 마음의 컨디션을 어떻게 끌어올리며 유지하고 있는지, 팀을 이적해도 좋은 결과를 계속 내는 적응력은 어디에서 오는지 등 근본적인 원인을 찾아내야 한다. 남의 성공을 무작정 모방하는 게 아니라, 내게 필요한 것을 찾아낸 뒤 내 것으로 만들어야 한다.

'원인'을 찾는 작업을 했다고 해서 그것이 정답이라는 보장이 없고, 원하는 '결과'를 얻을 수 있다고 장담할 수도 없다. 그래서 항상 원인을 생각하고 가설을 세우는 습관을 들여야 한다.

비즈니스를 하다 보면 어떤 '결과'를 끌어내기 위한 '원인'을 생각해야 할 때가 있을 것이다. 이때 원인을 생각하고 가설을 세우는 습관을 미리 들여 놓았다면, 그다음은 찾아낸 원인을 시도해 보기만 하면 된다. 이런 과정을 반복하다 보면 원하는 결과를 얻을 수 있을 것이다.

어쩌면 당신은 '결과를 제대로 내는 원인은 그렇게 간단히 찾을 수 있는 것이 아니다'라는 생각을 할지도 모르겠다. 물론 그렇다. 핵심 원인을 찾는 작업은 쉽지 않다. 하지만 키워드 하나만 기억해 두면 원인을 찾는 감각을 익힐 수 있다. 바로 '센터 핀'이다.

대학 시절 굿 윌 그룹의 창업가 오리구치 마사히로折口雅博의 책 《회사 설립의 조건》起業の条件을 읽고 '센터 핀 이론'을 알게 되었다. 이것이 원인과 결과를 생각하는 계기를 마련해 주었다.

센터 핀이란 볼링 핀 10개 중 가장 가운데, 제일 앞에 있는 1번 핀을 말한다. 스트라이크를 치기 위해서는 이 센터 핀을 맞춰야 한다. 아무리 빠른 공을 던져도 아무리 날카로운 커브를 줘도 센터 핀을 맞추지 못하면 스트라이크는 나오지 않는다. 비즈니스도 마찬가지다. 원인은 '센터 핀'이라 할 수 있다. 절대 빗나가서는 안 되는 센터 핀이 무엇인지 모르면 결코 성공할 수 없다.

책 읽기에서
센터 핀이란 무엇인가

절대 빗나가서는 안 되는 센터 핀이 중요하다면, 모든 분야에 있어 센터 핀은 같은 것일까? 물론 그렇지 않다.

'업태'에 따라 센터 핀은 다르다

센터 핀은 하나로 고정돼 있지 않고, 업태에 따라서 크게 다르다.

각 업태의 센터 핀은 다음과 같다.

- 제조업 : 히트 상품
- 도매업 : 강력한 거래처의 수
- 소매업 : 구비 상품

하지만 이것은 어디까지나 내 생각일 뿐이지 여러 업태를 겸하고 있는 기업도 있기 때문에 딱 들어맞지 않을 수도 있다. 그냥 생각을 할 수 있는 계기, 소재로 봐 주기 바란다. 제조업, 도매업, 소매업 각각의 센터 핀이 무엇인지를 생각할 때에는 지금 당신이 읽고 있는 이 책을 둘러싼 비즈니스가 어떤 식으로 이루어지고 있는지 생각해 보면 이해하기 쉽다. 연습 삼아 출판업계의 센터 핀을 살펴보자.

출판사는 책을 생산하는 '제조업체'다. 자동차 제조업체나 전자기기 제조업체와는 달리 자사에 생산 설비를 갖추고 있지 않고, 인쇄소나 제본소, 물류창고업체 등에 외주를 맡기고 있다. 그래서 제조업체처럼 보이지 않을지도 모르지만, 실제로는 2002년까지 일본 산업분류에서도 2차 산업으로 분류된 엄연한 '제조업'이다(현재는 3차 산업, 정보통신업으로 분류).

출판사가 '생산'한 책은 도매업자인 중개인에게 납품되고, 거기서 소매업자인 서점으로, 그리고 최종소비자인 독자에게 가게 된다. 제조업체인 출판사의 센터 핀은 '히트 상품'이다. 베스트셀러가 되면 출판사는 '중판'이나 '증쇄'라고 불리는 생산 증가를 실시한다. 초기비용(책을 만드는 데 드는 편집 및 디자인 비용 등)은 이미 초판 분으로 회수한 경우가 대부분이므로 책이 팔리면 팔릴수록 이익률은 올라간다. 다시 말해 출판사는 베스트셀러가 나오면 나올수록 이익이 되는 구조이기 때문에 히트 상품을 늘리는 방법을 항상 생각하고 있다.

다음으로 '도매업'인 중개인을 살펴보도록 하자. 도한東販, 닛판日販이라는 회사를 알고 있는가? 서점 앞을 주의 깊게 관찰했다면 도한이나 닛판이라는 이름이 써진 상자를 볼 기회가 있었을지도 모르겠다. 하지만 아무리 책을 좋아하는 사람이라도 거기까지 생각하지는 않을 것이다. 사실 전국의 거의 모든 서점은 어딘가에 있는 중개인과 거래를 하고 있고 물리적으로도 중개인의 창고나 물류를 통해 납품을 받고 있다.

지금 당신이 보고 있는 이 책도 어딘가에 있는 중개인을 거쳐 당신에게로 갔다. 중개인도 베스트셀러가 나오기를 바라겠지만, 사실 중개인의 센터 핀은 베스트셀러가 아니다. 자사와 거래를 하고 있는 서점이 '판매력'을 얼마나 가지고 있는가, 바꿔 말하면 '판매가 잘 되는 서점을 거래처로 얼마나 확보하고 있는가'가 센터 핀이다.

원래 도매업에게는 '히트 상품을 많이 만들어 내는 제조업체를 거래처로 얼마나 확보하고 있는가'가 센터 핀이 되기도 한다.

잘 팔리는 제품을 만드는 제조업체와 독점 계약을 맺고 있다면 제조업체가 대량으로 생산한 결과가 그대로 도매업의 성과로 이어진다. 하지만 출판업계의 경우 기본적으로 출판사가 모든 중개인과 거래관계를 맺고 있기 때문에 제조업을 독점할 수는 없다.

마지막으로 '소매업'인 서점의 센터 핀은 '구비 상품'이다. 당신이 왜 그 서점에서 책을 샀는지를 생각해 보면 이해하기 쉽다. 집이나 회사 근처에 있는 서점은 가깝다는 이유로, 그리고 읽을 만한 책을 잘 구비하고 있는 서점이기 때문에 가지 않았는가?

반면 별로 대중적이지 않은 책을 살 때에는 조금 귀찮더라도 대형서점으로 간다. 아니면 앞에서 이야기했던 사와야 서점처럼 그 서점만의 독자적인 기준으로 책을 구비해 놓은 서점에 가는 사람이 있을지도 모른다. 요즘에는 오프라인 서점에 가는 빈도가 부쩍 줄고 다양한 책을 구비하고 있는 인터넷 서점에서 책을 사는 사람이 많아지는 경향이다.

어느 쪽이든 중요한 것은 '구비 상품'이다. 어떤 상품을 구비하고 있는가에 따라 최종 소비자인 독자는 어디서 책을 살지 정한다.

'책'이라는 하나의 상품을 놓고도 제조업, 도매업, 소매업이라는 위치에 따라 센터 핀이 다르다. 그렇기 때문에 같은 업계에 있다고 해도 각자가 기대하는 바가 다르거나 이해가 대립하기도 한다. 이 원칙은 다른 업태에도 적용된다. 당신 비즈니스의 업태는 무엇인가? 그리고 당신의 센터 핀은 무엇인가?

업태별 센터 핀
깊이 알아보기

센터 핀에 대해 좀더 깊게 생각해 보기 위해 '제조업'과 '소매업'의 사례를 들어 살펴보려 한다. 유니 참, 세이조 이시이를 예로 들어 구체적으로 알아보자.

유니참은 국경을 넘어서 간다

먼저 일본을 대표하는 소비재 제조업체이며 일본의 저성장에도 불구하고 계속해서 상승곡선을 그리며 성장하고 있는 '유니참'의 사례를 보도록 하자.

유니참의 전성기를 이끈 다카하라 다카히사의 《유니참식 나를 성장시키는 기술》이라는 책이 있다. 유니참을 '해외 시장에서 성공을 거둔 소비재 제조업체'라 정의하고 이 책을 읽어 보면, 유니참의 센터 핀이 '조직관리'라는 사실을 알 수 있다. 물론 대기업이면서 제조업체인 이상 '히트 상품'이 센터 핀이 되겠지만, 유니참의 사례를 읽을 때에는 '소비재에는 국경이 없다'는 사실에 주목해야 한다.

일본인이든 다른 아시아인이든, 백인이든 흑인이든, 아기는 모두 오줌을 싼다. 노인도 마찬가지다. 이 말은 좋은 제품을 만드는 소비재 제조업체는 전 세계의 시장에서 싸울 수 있다는 말이다. 소비재 사용에는 언어의 장벽이 낮고 문화나 풍습의 차이에 따른 커스터마이즈customize의 여지도 크지 않기 때문이다.

국경을 넘어 시장을 확대해 나갈 때에는 각 지역마다 경영 환경과 문화가 제각각 다르기 때문에 '국경을 뛰어넘는 경영관리'가 중요하다. 프록터앤드갬블이나 킴벌리 그룹도 마찬가지다. 국경을 뛰어넘는 경영관리에 성공한 소비재 제조업체는 자국 시장의 상황과는 상관없이 계속해서 성장하고 주가도 계속 오른다.

다카하라가 사장에 취임하고 15년 동안 유니참의 매출액은 거의 3배로 늘었다. 그 시기의 일본 경제상황을 고려해 보면 얼마나 대단한 일인지 알 수 있다. 그렇기 때문에 경제경영서를 읽는 독자는 다카하라가 세계 시장에서 자사의 의도를 관철시키기 위해 어떤 경영관리를 했는지, 특히 어떻게 해서 짧은 시간에 세계 시장에서 통용되는 인재를 육성할 수 있었는지를 배워야 한다. 이것이 바로 유니참의 성공 원인 중 하나다.

《유니참식 나를 성장시키는 기술》에서는 유니참의 노하우를 소개하고 있다. 유니참은 경영관리의 최소 단위를 '주' 단위로 하고 있고, 연 52회 PDCA 사이클을 돌리며 최대 효용을 내고 있다고 한다. '태국에서는 쌀을 3모작할 수 있기 때문에 1년에 일본에서 수확하는 양의 3배를 수확하는 경험을 쌓을 수 있다'는 등의 내용을 접하게 되면 그 혜안에 놀라게 될 것이다.

유니참의 센터 핀은 '경영관리'다. 책 제목에 있는 '나를 성장시키는 기술'이라는 말에 속아 그저 그런 자기계발서라 생각하고 읽으면 이 사실을 놓치고 만다.

세이조 이시이는 C등급을 좋아한다?

'세이조 이시이'를 예로 들어 '소매업'의 사례를 살펴보도록 하자. 세이조 이시이는 소매업이기 때문에 센터 핀은 '구비 상품'이다. 이 사실을 염두에 두고 《세이조 이시이의 창업》을 읽다가 핵심을 찌르는 부분이 나와 밑줄을 그었다.

"내가 한 일은 ABC 분석으로 말하자면, A등급의 상품을 중시하지 않고 B, C등급의 상품을 팔려고 한 것이다. 다시 말해, ABC를 병렬로 놓았다. 희소가치는 있지만 많이 팔리지는 않는 상품 C를 많이 팔았더니 상품 C를 사러온 손님이 다른 상품도 같이 사게 된 것이다."

- A등급의 상품은 '잘 팔리는 상품'
- B등급의 상품은 '적당하게 팔리는 상품'
- C등급의 상품은 '다른 데서는 살 수 없는 상품'

A등급의 상품은 당연히 많은 소매업자가 판매하고 있다. 판매 과정에서 차별화를 할 수 없지만 매출을 생각하면 빼놓을 수도 없는 상품이다.

C등급의 상품은 '세이조 이시이에 가야지만 살 수 있는 상품'이다. 여기서밖에 살 수 없기 때문에 이 물건이 갖고 싶어지면 나도 모르게 세이조 이시이로 발길이 향하게 된다. 그러다가 알지 못했던 다른 C등급 상품과 만나게 된다. 이렇게 해서 세이조 이시이에

서의 쇼핑이 즐거워지고 다른 매장보다 조금 비싼 A등급의 상품도 같이 사게 된다.

C등급의 상품은 세이조 이시이에서 팔아 화제가 되면 경쟁 매장에서도 매입을 하게 돼 B등급의 상품이 된다. 그래서 항상 세이조 이시이만의 새로운 C등급 상품을 찾는 것이 세이조 이시이 경영에서 가장 중요한 일이었다. '구비 상품'이 센터 핀이라는 사실을 염두에 두고 읽다 보면 이런 사실이 보이게 된다.

이시이 요시아키는 아무리 신뢰하는 거래처에서 매입한 상품이라도 꼭 맛을 봤다고 한다. 무서울 정도로 까다롭게 구비 상품을 선정했다. 이것이 세이조 이시이를 '일본 고급 주택가에서 살아남은 브랜드'로 만든 가장 큰 원인이다.

'반제품을 팔았다'는 점도 흥미롭다. 여기서 말하는 '반제품'은 '반찬'이 되기 일보 직전의 식재료를 말한다. 고소득자들을 대상으로 영업을 했던 세이조 이시이는 일찍부터 반찬의 수요를 인식하고 있었다.

지금은 전자레인지로 데우는 음식에 저항감을 느끼는 사람이 많지 않지만, 당시에는 아무리 시간이 없어도 '조리한다'는 수고를 들이지 않으면 '사온 음식으로 식사했다'는 죄책감을 갖는 주부가 많았다. 그래서 튀기거나 굽는 등 가장 마지막 조리를 일부러 남겨둔 반찬을 팔아 '편리성과 죄책감' 사이에서 흔들리는 주부들의 마음을 멋지게 사로잡았다. 바로 이런 것들이 세이지 이시이가 상품을 구비하는 감각이다.

앞에서 이야기한 《유니참식 나를 성장시키는 기술》처럼 《세이조 이시이의 창업》이라는 제목에 속아 창업가의 자전적 스토리라 생각하고 책을 읽으면 정작 중요한 부분에 밑줄을 그을 수가 없다. 소매업의 센터 핀은 '구비 상품'이다. 좋은 상품을 구비하기 위해 저자가 어떤 생각을 하고 어떤 방법을 썼는가? 우리가 읽고 주목해야 할 부분은 바로 이런 '원인'이다.

카도카와가 빠진 'ABC 분석'의 함정

《세이조 이시이의 창업》을 읽으니, 거기 나오는 'ABC 분석'이 아주 인상 깊었다. C등급 상품의 중요성이나 가치에 대해 알게 되고 머릿속에 떠오른 기업이 있었다. 바로 카도카와KADOKAWA였다. ABC 분석을 활용하면 'A등급 상품을 많이 파는 것'이 단기적으로 가장 효용이 좋다. 그래서 매출이 적은 C등급 상품의 취급을 확 줄여 버린다. 하지만 여기에 함정이 숨어 있다. 지금 출판업계 중 이 함정에 빠져 있는 곳이 카도가와이다.

주식회사 카도카와는 카도카와 서점이 카도카와 그룹을 구성하고 있던 다른 출판사 모두를 2013년에 흡수 합병해서 만든 대형 출판사다. 모회사는 구 도완고와 합병한 카도카와 주식회사(구 KADOKAWA·DWANGO)이다. 흡수된 출판사로는 아스키 미디어 웍스, 엔터브레인, 미디어팩토리, 카도카와 매거진즈, 카도카와 학예출판, 후지미 쇼보, 그리고 여기서 다루고 싶은 츄케이 출판中経出版 등이 있다.

이 회사들은 현재 카도카와의 브랜드가 되어 있다. 츄케이 출판은 1999년 호소노 마사히로가 쓴《경제 뉴스가 재미있을 정도로 알 수 있는 책》経済のニュースが面白いほどわかる本을 출간했는데, 경제 관련 책으로는 역사상 처음 밀리언셀러를 내는 등 유익한 경제경영서를 많이 출간한 오래된 출판사다.

하지만 경제경영서는 히트를 예측하기 어려운 장르다. 대형 출판사인 카도카와로서는 경제경영서가, 결과를 예측하기 쉬운 만화나 이름 있는 작가의 소설 등과 비교해 봤을 때 손을 대기가 어려운 장르다. 다시 말해 C등급의 상품 군이다. 많은 출판사를 흡수하고 영업부문을 통합 축소해 단기적인 효율이나 이익을 추구하기 시작하면서 카도가와는 C등급의 상품을 잘라내 버렸다. 양질의 경제경영서를 기다리고 있는 독자로서 안타깝기 그지없는 상황이다.

《간략하게 읽는 일본의 명저》あらすじで読む日本の名著 시리즈로 시작된 일련의 간략하게 읽기 붐은 츄케이 출판이 진원지다. 제3장에

서 소개했던 2016년도 비즈니스 부문 베스트셀러《30분 경제학》도 츄케이 출판에서 출간한 책이다. 하지만 책 제목이나 저자명을 보고 이 책이 잘 팔리리라고 생각했던 사람은 그리 많지 않다.

C등급의 상품은 때로는 아주 큰 힘을 발휘하기도 하고 때로는 새로운 고객을 끌어들이기도 한다. 이 사실을 카도카와가 깨닫게 된다면 중기적으로 이익을 향상시킬 수 있지 않을까? 카도카와의 변화를 기대하며 지켜보고 싶다.

업종별 센터 핀
자세히 알아보기

지금까지 '업태'별 센터 핀을 살펴
봤으니, 이번에는 '업종'별 센터 핀을 살펴보자. 먼저 다음 업종의
센터 핀은 무엇일까?

- 금융업 = (　　　　　　　)
- 음식점 = (　　　　　　　)
- 테마파크 = (　　　　　　　)

'부자 고객 유치' 말고 금융업의 센터 핀으로 또 무엇이 있을까? 금융업계에서 일하는 사람들과 교류하면서 '결국 부자를 상대하는 것이 효율이 가장 높다'는 사실을 강하게 느꼈다. 금융업계의 보수는 취급 금액을 기준으로 하는데, 이것이 바로 그 증거다.

성심성의껏 1,000만 원의 고객을 100명 상대해 10억 원을 유치한 사람과 1억 원의 고객을 11명 상대해 11억 원을 유치한 사람 중 후자가 더 좋은 평가를 받는다. 만약 100억 원을 유치한 사람이 있다면 그 사람은 훨씬 더 많은 보수를 받을 수 있다. '금액이 전부'라는 너무나도 노골적인 이 센터 핀을 인식하고 있으면, 금융업계의 독특한 문화나 구조가 보인다.

음식점의 센터 핀은 솔직히 말해 '맛'이다. 맛있는 음식점이라면 멀어도, 지저분해도, 점장의 태도가 나빠도 손님이 모인다. 요즘은 SNS나 파워 블로그의 전성시대다. 맛이 있는지 없는지는 순식간에 입소문이 나 버린다. 아무리 멋진 카피를 만들어 광고를 해도 소비자들은 지인이나 직접 먹어본 사람들의 후기를 믿는다. 맛이 있으면 좋은 입소문이 퍼지고 맛이 없으면 인터넷에 아주 잔인한 글이 올라온다.

음식점의 센터 핀은 '맛' 그 자체다. 맛은 속일 수가 없다. 그런데 음식이기 때문에 식중독 예방과 같은 '위생'도 센터 핀의 일부가 된다. 위생 문제가 발생하면 행정 지도를 받게 되고 결국은 문을 닫는 경우도 생긴다. 그러니 음식점은 '맛' 외에 위생 문제에 신경을 써야 한다.

음식점은 맛이 전부라는 사실을 깨닫게 되면 음식점을 경영하는 데 있어서 가장 중요한 요소는 맛을 구성하는 재료라는 사실을 알게 된다. 그러면 인기 있는 가게의 '재료 매입 방법'이라는 원인에 눈이 가는 것이 순서다. 직접 가서 눈으로 보고, 시장의 도움을 받고, 좋은 거래처를 찾아내는 등 여러 방법이 떠오른다. 바로 이 모든 것을 독자적인 방법으로 극복했다는 점이 '오레노 주식회사'의 대단함이다. '오레노 주식회사'에 대해서는 제6장에서 자세히 다루도록 하겠다.

그렇다면 특수한 업태인 테마파크의 센터 핀은 무엇일까? 테마파크의 센터 핀은 USJ를 통해 알아보도록 하자.

USJ의 센터 핀은 무엇인가

유니버설 스튜디오 재팬의 CMO인 모리오카 츠요시가 쓴 《USJ를 극적으로 바꾼 단 한 가지 생각》USJを劇的に変えた、たった1つの考え方은 꽤 깊이 있는 책이다. 이 책은 《확률 사고의 전략론》確率思考の戦略論 입문편이라 할 수 있을 정도로 쉽게 읽힌다. 나는 이 책에서 '가장 윗줄(매출액)을 크게 늘릴 것'이라는 부분에 밑줄을 그었다. 여기서 우리가 알 수 있는 사실은 무엇일까? 바로 테마파크의 센터 핀은 '집객'이라는 점이다. 이 한 줄은 USJ에게 집객은 목숨처럼 중요하다는 사실을 강하게 나타내고 있다.

테마파크는 '고정비 비즈니스'다. 테마파크는 '설비'고 어트랙션(테마파크의 체험 시설을 총칭하는 개념)은 '기계'다. 설비와 기계를 도입할 때는 물론이고 유지를 하기 위해서도 일정 비용이 계속 든다. 그리고 안전을 지키는 일을 무엇보다도 우선으로 해야 한다. 테마파크는 넓은 땅이 있어야 하므로, '재산세'를 부담해야 한다. 물론 인건비도 든다. 이렇게 비용의 대부분이 '고정비'이기 때문에 '매출'이 오르지 않으면 이 기업은 성장할 수가 없다.

만약 이 비즈니스가 가게라면 새로운 가게를 내면 되고, 제조업이라면 생산량을 늘리면 된다. 하지만 넓은 땅 위에서 운영하고 있는 테마파크라면 이야기가 달라진다. 매출을 올리려면 집객수를 늘리는 수밖에 없다.

모리오카는 철저한 데이터 분석으로 고객수를 늘려갔다. 《USJ를 극적으로 바꾼 단 한 가지 생각》에서 고객수를 늘린 방법을 아주 자세히 소개하고 있다. 모리오카는 고객수를 어떻게 늘렸을까?

이 책을 읽으면서 모리오카가 어떻게 고객수를 늘렸는지 이 부분을 중점적으로 살펴보면서 꼭 밑줄을 그어 보기 바란다.

제5장

같음을 따르지 말고
다름을 만들자

시대를 읽고, 남들이 보지 못하는 것을 찾아내라

승자는 남이 하는 것을
따라 하지 않는다

무엇이든 남과 같아서는 성공할 수 없다. 책을 읽는 방법도, 서점의 운영 노하우도 남달라야 자신만의 특화된 가치를 만들어 낸다.

돈 많은 어른을 고객으로 만드는 비결

요즘 책 좋아하는 사람이라면 모르는 사람이 없는 도쿄 다이칸야마의 다이칸야마 츠타야 서점. 서점을 중심으로 한 상업 시설로 2011년 오픈한 이래 손님의 발길이 끊이지 않는 츠타야 그룹의 거점 지점이다. 다이칸야마는 최첨단 패션 거리이기도 하고 고소득자들이 사는 고급 주택가 지역이기도 하다. 여기에 매장을 연 다이칸야마 츠타야 서점은 돈과 시간에 여유가 있는 지적인 성인을 대상으로 하며, 다른 서점과는 차별화된 고급 매장을 지향하고 있다.

다이칸야마 츠타야 서점에는 대형서점이라면 어디라도 있는 '만화'가 단 한 권도 없다. 만화는 단가가 낮고 저연령층이 주요 타깃이기 때문에 매장의 콘셉트나 전략과는 맞지 않다.

새벽 2시까지 영업을 하는 것에도 주목할 필요가 있다. 이 시간에는 당연히 전철이 없다. 이 말은 차를 가지고 오는 손님을 강하게 의식하고 있다는 말이다. 차를 가지고 오는 손님은 책 외에 다른 상품도 기분 좋게 산다. 대량으로 물건을 구입해도 갈 때 차에 싣고 가기 때문에 걱정할 필요가 없다. 그래서 이런 선순환을 겨냥한 매장을 만들고 있다.

이런 이야기는 오픈 초기에 이미 수많은 평론가들이 했었다. 이제 와서 내가 또 해봤자 아무런 의미가 없다. 여기서 내가 하고 싶은 이야기는 단 하나다. '승자는 다른 것을 만들어 낸다.' 앞에서 말한 대로 다이칸야마 츠타야 서점은 '돈과 시간에 여유가 있는 성인을 대상'으로 한 세련된 매장을 만들고 있다.

돈이 있는 어른들이 차를 가지고 와서 많은 상품을 구입해 차에 싣고 돌아가는 것을 목표로 한다. 그렇기 때문에 어떻게 하면 성인들이 오고 싶어 하는 매장을 만들 수 있을지를 고민하고 또 고민했을 것이다. 나는 성인들이 그곳을 찾는 이유 중 하나가 바로 '주차장' 때문이라고 확신한다.

다이칸야마 츠타야 서점이 주차장 폭을 넓힌 이유

다이칸야마 츠타야 서점 주차장은 고급 승용차를 불러들일 만한 장치가 몇 가지 있다. 예를 들어 주차장 입구에 '주차권 발권기'가 있는데 이 발권기가 멋지게도 아주 조금밖에 튀어나와 있지 않다. 고급 승용차는 가로 폭이 넓다. 그래서 차 주인에게는 툭 튀어나와 있는 발권기가 여간 성가신 게 아니다.

보통 주차장이나 고속도로 입구에서 부딪히거나 긁히지는 않을지 걱정을 많이 하는데, 이렇게 발권기가 약간만 튀어나와 있으면 안심하고 들어갈 수 있다. 무사히 주차권을 뽑고 주차장으로 들어가면 120대를 주차할 수 있는 굉장히 넓은 공간이 펼쳐진다.

지하로 내려가는 것도, 입체 주차장에 들어가는 것도 아니다. 모든 차가 '평면 주차'를 할 수 있고, 한 대 한 대 여유롭게 주차할 만큼 공간이 넉넉하다. 이 정도면 크고 차고가 낮아 주차 문제로 고민하던 페라리 소유주들도 안심하고 주차할 수 있다.

그들은 돈과 시간에 여유가 있는 어른들이 많이 왔으면 좋겠다는 생각에 '남과는 다른' 주차장을 만들었다. '다름'을 만들어 내는 것이 치열한 경쟁에서 이길 수 있는 조건 중 하나다.

독서를 통해 '다름'을 만들어 낸 현명한 사람들에게 배울 수 있는 점을 살펴보고, 이를 자신만의 것으로 만드는 방법을 알아보자.

나만의 필터로
나만의 메시지를 찾아라

지식의 지평을 넓히고, 모르는 영역을 이해하는 데 있어 독서만큼 좋은 방법은 없다. 더구나 분야 최고의 전문가가 집필한 경제경영 명저라면 더할 나위 없다.

'저자의 필터'가 당신의 관점을 완전히 바꾼다

경제경영서는 정말 싸다. 명경영자, 명코치, 학자, 전문가, 수많은 경험을 쌓아 온 사람 등 선도자들의 생각과 노하우를 전문 편집자가 '도움이 되는 부분'만 깔끔하게 요약해 준다. 거기서 얻는 한 줄의 값진 문장은 엄청난 가치를 지닌다. 그런데도 단돈 1~2만 원에 읽을 수 있다.

아무리 재미있는 소설도 아무리 감동적인 영화도 30만 원이나 50만 원을 내면서까지 보려는 사람은 별로 없을 것이다. 하지만 만약 1~2만 원 대의 경제경영서 안에 몇십 억 원의 가치가 담겨 있다면 어떨까?

나라면 30만 원, 혹은 50만 원을 주더라도 아깝지 않을 것 같다. 사실 요즘 많은 출판사가 책의 '가치'가 아니라 '두께'로 가격을 정하고 있다. 독자로서는 이를 이용하지 않을 수 없다. 특히 경영이나 회사 설립에 관심이 있는 사람이라면 더욱 더 그렇다.

독서의 효용은 위대한 저자들의 견해, 사고방식, 다시 말해 그들의 필터를 들여다볼 수 있다는 데 있다. 이 작업이 다른 사람과의 '차이'를 만드는 데에도 도움이 되고 나의 성장으로도 이어진다.

좋은 경제경영서에는 반드시 '저자의 필터'가 있다. 이런 책을 읽음으로써 독자들은 견해를 바꾸고 입력된 내용을 바꾸고 세계를 변화시킬 필터를 손에 넣을 수 있다. 반대로 몇천 원으로 살 수 있는 잡지에는 필터가 없다. 잡지에는 편집부의 '편집 방침'만이 있을 뿐이다. 필터의 유무가 잡지보다 단행본이 비싼 이유고, 그것이야말로 단행본이 지닌 아주 큰 가치다.

독서에는 두 종류가 있다. 이미 '알고 있는 것'에 깊이를 더하는 독서, '모르는 것'을 배우는 독서. 어느 쪽이든 지식에 대한 두근거림이 있다. 그렇다면 이 책은 당신에게 어느 쪽일까?

내가 책을 고르는 방법, 읽는 방법, 밑줄을 긋는 방법이 당신에게 도움이 되기 바란다. 광맥이 될 '하나의 밑줄'을 그을 수 있도록 돕고 싶다. 그리고 당신의 인생이 생동감 있게 움직이는 데에 영향력이 미치길 바란다.

여러 요소를 융합해 '다름'을 만들다

독서는 다른 사람과의 '차이'를 만드는 작업이다. 내 전문 분야의 지식에 깊이를 더하는 것만이 아니라 관련성 없는 분야를 공부해 이 둘을 합친다. 에드워드 드 보노 Edward De Bono 가 여러 저서에서 이야기했던 '수평사고'와 비슷하다. 이것이 가능하다면 다른 사람과의 '차이'를 만들 수 있게 되고 경쟁 우위를 발휘할 수 있다.

제3장에서 '부분 연습'을 추천한 것도 사실은 '다름'을 만들어 내는 훈련을 하기 위해서였다. 다이칸야마 츠타야 서점은, 서점이라는 업태에 '부유층 마케팅'을 합쳐 다른 서점은 따라 할 수 없는 결

정적인 '차이'를 만들어 냈다.

그럼 여기서 문제를 하나 내 보자. 당신이 영업직 종사자라고 가정해 보자. 이때 영업에 필요한 커뮤니케이션이나 대화 능력을 기를 수 있는 책을 읽는다면 확실히 효과가 있을 것이다. 하지만 그걸로 다른 영업사원과의 '차이'를 만들 수는 없다. 그렇다면 커뮤니케이션이나 대화 능력 외에 무엇을 더 배우면 좋을까? 다음 페이지로 넘어가기 전에 잠시 생각해 보기 바란다.

책에서 읽은 내용을
현실에 접목하기

영업 담당자는 왜 영업 책만 읽을까? 그런다고 영업 실적이 올라갈까? 물론 아무 것도 공부하지 않는 경쟁자보다는 어느 정도 우위에 설 수 있을지도 모른다. 하지만 그것도 단기적인 우위일 뿐 장기적인 경쟁력을 갖추려면 영업이 아닌 다른 분야의 책을 읽는 것이 좋다.

영업 담당자라고 해서 자기 분야의 책만 읽으면, 폭넓은 지식과 지혜를 쌓는 데 제약이 생긴다. 세상을 보는 시야도 좁아진다.

마케팅, 심리학, 인센티브의 구조를 이해하기 위한 경제학 책을 읽으면 어떨까? 예를 들자면 한도 끝도 없지만 이런 분야의 지식이 있으면 제품을 구입해 달라고 머리를 숙이거나 가격 인하를 하지 않아도 팔 수 있을 것이다.

만일 당신이 보험 판매원이라면 공부해 두면 좋은 분야가 있는데, 바로 회사 경영자를 위한 '회계'와 '세제'이다. 법인의 경우 보험은 불안정한 장래 때문에 가입하는 것만은 아니다. '절세'가 큰 목적이다.

세금에 대해 알고 있는 판매자라면 법인 상대에게 절세 제안을 할 수 있다. 제4장에서 설명했던 '금융업계의 센터 핀'을 떠올려보기 바란다. 돈 많은 고객을 유치하고 취급 금액을 늘리는 것 말고는 다른 방법이 없다는 설명을 했었다. 개인도 법인도, 결국 상대하는 사람은 한 명이다. 대기업이라면 보험 창구는 하나다.

그렇다면 이 한 명과 교섭해서 그 회사의 1만 명 분의 보험 계약을 하는 편이 낫다. 이때 무기가 되는 것이 '절세' 지식이다. 상대에게 이 보험에 가입하는 것으로 연간 얼마의 절세 효과가 있는지를 설명할 수 있다면 다른 영업사원과의 '차이'를 만들 수 있다. 보험 영업사원이 지금 바로 읽어야 할 것은 '법인세'에 관한 책이다.

이 이야기를 자동차 영업사원에게도 해주고 싶다. 안타깝게도 대부분의 자동차 영업사원이 절세에 관한 공부를 하지 않는다. 법인이나 개인 사업주에게 자동차는 감가상각을 해야 하는 자산이다. 그런데 자동차 영업사원이 이 사실을 모르고 있으니 안타깝기 그지없다.

'포르쉐 중고차'를 예로 들어 보자. 포르쉐 중고차는 이런 구조를 알고 있는 경영자에게는 최고의 절세 아이템이다. 포르쉐는 중고로서의 가치를 말하는 리세일 밸류resale value가 아마 가장 높은 차일 것이다. 일반 중고차는 연식이 오래되고 주행거리가 늘어나면 리세일 밸류가 감소하지만, 포르쉐는 인기가 많아 거의 떨어지지 않는다.

인기 모델의 경우 빈티지 모델이 되어 가격이 한층 더 올라가서 구입 당시보다 오히려 비싸게 팔리는 일이 생기기도 한다. 특히 출시된 지 4년이 된 차는 세금제도상 구입한 연도에 거의 100퍼센트 상각할 수 있기 때문에 사용자는 우선 아주 큰 절세 효과를 기대할 수 있다. 포르쉐도 한번 몰아 볼 수 있고 팔 때의 가격이 구입했을 때의 가격과 같다면, 절세는 절세대로 할 수 있고 포르쉐를 타봤다는 체험까지 할 수 있다.

경우에 따라서는 이익이 날 때도 있다. 이런 구조를 알고 '절세' 라는 관점에서 경영자에게 중고 포르쉐를 추천할 수 있다면 압도 적인 실적을 올릴 수 있을 것이다. 이처럼 '세일즈'라는 지식에 '절 세'라는 지식을 합쳐 경쟁자와의 결정적인 '차이'를 만들 수 있다.

시대가 원하는 가치관 안에서
차이점을 만들어라

비즈니스를 함에 있어 열심히 한다는 건 의미가 없다. 중요한 것은 남과 다른 나만의 것, 나만의 강점이 있어야 하다는 점이다. 그래야 경쟁에서 우위를 차지할 수 있다.

그 비즈니스의 '상류'를 파악하라

어떻게 하면 비즈니스로 '차이'를 만들 수 있는가. 바로 정면에서

도전하는 방법에 대해서 이야기하고 싶다. 나는 일을 할 때마다 '물은 위에서 아래로 흐른다'라는 진리를 떠올린다. 상류에서 하류로 흐른다는 사실을 염두에 두고 공부를 하면 어디에 어떤 변화를 가져올 것인가, 어디를 건너뛰고 어디를 단락화하고, 어디에 우회로를 만들어야 하는지가 보이게 된다.

예를 들어 스포츠 비즈니스의 상류는 '스타 선수'이다. 축구, 야구, 농구 등 어떤 종목이든 간에 팬은 마음에 드는 선수가 있기 때문에 그 경기를 본다. 구단 경영 방침에 관심이 있는 사람은 극히 일부의 비즈니스맨뿐이고 선수의 컨디션을 유지시키는 트레이너에게 관심이 있는 사람은 같은 일을 하는 트레이너들뿐이다. 대부분의 사람들은 선수에게 관심이 있다.

그래서 스포츠 비즈니스의 상류는 '선수', 특히 '스타 선수'이다. 이 말은 스타 선수가 움직이면 팬도 움직인다는 말이다. 만약 스포츠 비즈니스를 크게 움직이고 싶다면 우선 선수를 공략해야 한다.

저널리스트인 바바라 스미트Barbara Smit가 쓴 《아디다스 vs. 푸마 또 하나의 대리전쟁》Drei streifen gegen Puma에는 아디다스와 푸마로 나뉘어 불화를 겪는 형제 기업이 상대측의 유명 선수에게 끊임없이 접근하고 그들의 스폰서가 되기 위해 어떤 매수공작을 했는지가 나와 있다.

로커를 열었더니 돈뭉치가 들어 있었다는 믿기 어려운 에피소드가 있으나, 이런 경위로 선수들은 브랜드를 알리는 톱모델이 되고 비즈니스는 성장해 간다. 옳고 그름이나 좋고 나쁨을 떠나 이는 아디다스와 푸마가 스포츠 비즈니스의 상류에 스타 선수가 있다는 사실을 숙지하고 있음을 보여 준다.

같은 스포츠 비즈니스라도 완전히 다른 에피소드도 있다.《'포키'는 왜 프랑스인에게 사랑받는가》에는 미국 메이저 리그에서 모리나가제과森永製菓의 소프트 캔디 '하이츄'가 왜 인기 있는가에 대한 이야기가 나와 있다. 하이츄의 인기는 보스턴 레드삭스의 타자와 준이치(2016년 12월에 마이애미 말린스와 계약함) 선수가 계기가 되었다.

그는 마이너리그에 있을 당시 아무 생각 없이 간식으로 '하이츄'를 가지고 다녔는데, 다른 선수들한테도 '하이츄'의 인기가 대단했었다. 그래서 필요할 때마다 대량으로 구입하다가, 어느새 혼자서는 감당할 수 없을 정도가 되어 모리나가제과 현지 법인에 부탁을 했다고 한다. 모리나가제과는 이를 좋은 기회라 생각하고 대량의 샘플을 제공했다. 그리고 스폰서십 체결까지 하게 되었다.

얼마 안 돼서 다른 구단의 선수들도 '하이츄'의 인기에 대해 알게 되었고 여러 구단과 계약을 맺었다. 하이츄는 미국 슈퍼마켓 계산대 앞에 놓여 있는 히트 상품이다. 내가 본 바로는 뉴욕이나 샌프란시스코에서도 마찬가지였다. 모리나가제과는 우연히 찾아온 좋은 기회를 놓치지 않고 '메이저리그 선수들에게 사랑받는 과자'라는, 타사에서는 따라 할 수 없는 '차이'를 만들었다.

정말 돈가스보다 소스가 중요할까

이번 장에서는 마지막으로 '차이' 만들기의 무서움에 대해 이야
하려 하다.

예전에 "돈가스는 고기나 튀김보다 소스가 중요하다."라고 말한
컨설턴트가 있었는데, 안타깝게도 그 '차이'는 완전히 빗나가 버렸
다. 요즘은 고기의 질이 좋지 않으면 손님들이 찾지 않고, 좋은 기
름을 쓰지 않으면 건강을 걱정하는 손님들이 멀리한다. '차이'를 만
들려고 할 때 가장 무서운 부분은 시대에 따라 가치관이 변한다는
점이다.

내일 먹을 것을 걱정해야만 하는 나라에서는 뚱뚱한 중년 남성
이 아직까지도 부의 상징이다. 하지만 일본이나 미국에서는 뚱뚱
한 중년 남성에 대한 사회적인 시선이 좋지 않다. 미국에서는 채식
주의자를 위한 완전 채식 레스토랑이 유행하고 있다.

도쿄에서도 서서히 이런 흐름이 시작되고 있다. 당질 제한 다이
어트의 유행이 계속된다면 그리 멀지 않은 미래에 대히트를 할지
도 모른다. 예전에는 '싸고 많이'가 최고의 서비스였던 일본의 대학

가에서도 요즘은 저칼로리에 건강한 음식이 많이 팔리고 있다.

시대와 함께 '좋은 것'은 바뀐다. 맥도날드가 일본에 들어왔을 때, 당시 맥도날드는 풍요로움으로 대변되는 미국의 상징이고 영양분 가득한 소고기를 잘 챙겨 먹는 든든한 한 끼 식사였을 것이다. 하지만 지금은 어떤가? 맥도날드 햄버거에 미국에 대한 동경을 투영하고 풍요로움을 느끼는 고객이 얼마나 있을까?

'차이'를 만드는 행위는 기존의 '좋은 것'에 도전하는 행위이고, 성공하면 새로운 '좋은 것'을 획득할 수 있다. 하지만 그것이 얼마나 지속가능한 것인지는 아무도 모른다. 책을 읽고 사회의 움직임을 관찰하면서 내가 만들어 낸 '차이'가 시대에 맞는가를 항상 검증해야 한다.

제6장

내용을 읽지 말고
배경을 읽자

책에서 진주를 발견할지 돌을 발견할지는 각자가 결정한다

좋은 책을 고르는 것은
인간만이 할 수 있는 일

　　　　　　　　　　나는 '세가'를 다닌 지 1년 만에 그
만두고 출판업계에 들어갔다. 편집 프로덕션의 편집자 겸 작가, 출
판사 편집자 등을 거쳐 2000년 '일본 아마존'에 구매 담당자로 입
사해 '아마존 재팬' 설립에 참여했다.

　아마존에 입사한 뒤에는 열심히 일했다. 출판사가 매일 보내주
는 책들 중에서 팔릴 것 같은 책을 내 눈으로 찾아내 적극적으로
알렸다. 잘 팔리고 있는 책을 가져다가 똑같이 파는 것이 아니라
아마존만의 정보를 더해 히트 상품을 만들었다. 얼마 안 돼서 '독

보적인 바이어'라는 소리를 듣게 되었다.

2년 동안 1,000편의 서평을 쓰는 일

주요 업무는 책 매입과 서평을 쓰는 일이었는데, 일하기 위해 책을 읽었고 출판사를 방문해 정보를 얻었다. 그때는 1주일간 7권의 책을 소개했는데 독서량은 소개하는 책의 3배 정도였다. 아마존에 재직했던 4년 중, 에디터로 일했던 2년 동안 1,000편 가량의 서평을 썼다. 정말 즐거운 일이었다.

하지만 이런 즐거움은 오래 가지 않았다. 시간이 갈수록 아마존은 업무를 자동화하는 방향으로 바뀌어 갔다. 최소 비용으로 효율성을 높이려다 보니 직접 쓴 서평을 게재하는 일에 가치를 두지 않게 된 것이다. 도서 내용만 소개하면 된다고 판단한 것인데, 그러자면 출판사나 대리점에서 무료로 정보를 받으면 된다.

이런 방식은 내가 생각하는 서평의 가치를 구현하지 못한다. 나는 아무도 읽지 않은 책을 직접 골라 소개하고 독자들의 업무에 도움을 주고 싶었다. 어렵게 만든 이 흐름의 끈을 어떻게든 놓고 싶지 않았다. 결국 독립해 회사를 설립했다.

인간은 할 수 있지만 컴퓨터는 할 수 없는 일

아마존에서 많은 것을 배웠는데, 그중 가장 큰 핵심은 '컴퓨터는 결과 분석은 할 수 있어도 그 결과를 초래한 원인은 만들어 낼 수 없다'는 점이다. 다시 말해 '원인을 만들어 내는 일이야말로 인간의 가치'라는 뜻이다.

내가 퇴사를 한 2004년 당시에도 아마존에서는 거의 모든 업무를 컴퓨터로 할 수 있는 시스템이 구축되어 있었다. 아마존의 수요 예측 시스템은 거의 97퍼센트 확률로 적중했다. 구매 담당자, 즉 인간이 비집고 들어갈 여지는 고작 3퍼센트밖에 남아 있지 않았다. 하지만 놀랍게도 황금 동아줄은 이 3퍼센트 안에 숨어 있었다.

어느 날 나는 고전으로 분류되는 명저 《실패에서 성공으로》How I raised myself from failure to success in selling 를 소개했다. 그랬더니 그동안 하루에 한 권 팔릴까 말까 했던 책의 판매율이 갑자기 10배 이상 늘어났다. 이에 컴퓨터는 아주 흥미로운 반응을 보였다. '10배로 팔리게 되었다'는 최근의 현상과 '과거에 이 정도로 팔렸던 책이 그 후 얼마나 팔렸나'라는 데이터를 합쳐 단순하게 지금의 10배로 수요 예측을 한 것이다.

그때 깨달았다. 컴퓨터는 결국 내가 만든 '원인'이 아니라 10배로 팔렸다는 '결과'에만 반응할 수 있다는 것을. 인간은 원인을 만들어 낼 수 있지만 컴퓨터는 원인을 만들어 내지 못한다. 원인을 찾는 일도 하지 못한다. 그래서 컴퓨터는 인간의 적이 될 수 없다. 오직 인간만이 미래를 만들 수 있다.

물론 인공지능의 발달로 컴퓨터가 할 수 있는 일이 앞으로 점점 늘어날 것이다. 그렇기 때문에 좋은 저자를 찾아내고 좋은 책을 선별해 밑줄을 긋는 일이야말로 컴퓨터가 절대 대신할 수 없는 나만의 능력이라고 생각한다. 이것이 바로 내가 아마존에서 깨달은 가장 중요한 사실인지도 모른다.

남들의 평가 말고
나의 평가가 중요하다

나는 아마존을 그만두고 '에리에
스 북 컨설팅'을 설립했다. 그리고 지금까지도 계속 발간하고 있는
디지털 잡지 《BBM》 1호를 발간했다. 1호에 앞서 테스트 겸 감사
인사로 그동안 도움을 받았던 분들에게 '0호(창간준비호)'를 발행하
고 하인리히 슐리만Heinrich Schliemann의 《고대에 대한 열정》Heinrich
schliemann selbstbiographie을 소개했던 기억이 아직도 선명하다. 그리
고 1호에서는 해럴드 제닌과 앨빈 모스코우가 공동 저술한 《당신
은 뼛속까지 경영자인가》Managing를 소개했다.

《BBM》은 특히 바쁜 경영자나 비즈니스맨들을 대상으로 하는데, 화제의 경제경영서를 '내가 어떻게 읽었고 어디에 빨간 펜으로 밑줄을 그었는가'라는 내용을 담아 매일 보내고 있다. 창간 초기에는 독자수가 5,000명 정도였던 것으로 기억하는데, 지금은 10배가 넘는다.

예전에 덴쓰의 유능한 에디터이며, 주식회사 고토바 크리에이티브 디렉터, 카피라이터, 간사이대학 사회학부 교수인 야마모토 다카시山本高史가 쓴《생각의 책, 독특한 아이디어를 제안하기 위한 머릿속 경험》案本〈ユニーク〉な〈アイディア〉の〈提案〉のための〈脳内経験〉의 서평을 썼을 때의 일이다. 야마모토는 도요타자동차의 '변한다는 건, 두근거림', 동일본 여객철도의 '나는 스이카와 살고 있습니다' 등의 광고로 알려진 카피라이터이다. 어느 날, 내 서평을 읽은 야마모토가 일부러 연락을 해왔다. 분에 넘치는 감사인사뿐만 아니라 식사 초대까지 해준 그는 이런 말을 했다.

"평가는 '이해'라고 생각합니다."

이 한마디가 잊히지 않는다. 보통 '괜찮다/나쁘다', '좋다/싫다'로 평가한다. 하지만 야마모토 씨는 평가는 이해라고 생각하고, 내 서평에는 이해가 있어서 기뻤다고 했다. 이해했다는 말, 그리고 이해하려고 했다는 말만이 이 시대에서 살아남으려고 하는 나에게 고마운 말이었다. 《BBM》을 발행하기 위해 연간 1,000권 이상, 총 2만 권 이상의 책을 읽었다. 이제는 책에 대해 이야기할 자격이 생기지 않았을까 하는 생각이 든다.

내 주요 비즈니스 중 하나가 저자 양성 강좌 '10년 동안 사랑받는 베스트셀러 작가 양성 과정'의 운영과 저자 발굴 및 프로듀스이다. 일본뿐만 아니라 미국에서도 밀리언셀러가 됐으며, 40개가 넘는 나라에서 번역이 결정된, 누계 600만 부를 돌파한 《인생이 빛나는 정리의 마법》人生がときめく片づけの魔法 시리즈의 곤도 마리에近藤麻理恵가 대표적인 저자이다. 이 외에도 《부자들은 왜 장지갑을 쓸까》稼ぐ人はなぜ, 長財布を使うのか의 카메다 준이치로亀田潤一郎, 《1년에 10억 버는 사람들의 사고》一生かかっても知り得ない 年収1億円思考의 에가미 오사무江上治, 《모눈노트 공부법》頭がいい人はなぜ, 方眼ノートを使うのか의 다카하시 마사후미高橋政史 등 나를 훨씬 뛰어넘는 성과를 올리는 저자들을 배출하고 있다.

속았다고 한탄하는 서평을 쓰는 것은 삼류라는 증거

요즘 인터넷에는 아주 신랄한 '서평'이 많이 올라온다. 재미가 없다, 제값을 못하는 책이다, 이해하기 어렵다, 속았다…. 이런 서평을 쓸 시간이 있으면 차라리 빨리 다음 책을 읽기 시작하는 편이 낫다. 성공한 사람 중에 몇만 원의 지출을 아까워하고 자기가 고른 책을 이래저래 헐뜯는 사람을 나는 본 적이 없다. 앞서도 이야기했지만 경제경영서의 경우 재미는 아무런 상관이 없다. 경제경영서의 상품성은 '재미를 주기 위한 것'에 있지 않기 때문이다.

'다 아는 이야기뿐이라서 아쉽다'라는 취지의 서평도 자주 볼 수 있는데 이것도 아주 안타까운 서평이다. 만약 그 책이 베스트셀러라면 저자나 편집자가 어느 정도의 지식 수준을 가진 독자를 대상으로 책을 만들었는지 검증해야 한다.

나는 다 알고 있다고 자랑해 봤자 아무런 도움이 되지 않는다. 거기서 어느 수준으로 설정을 하면 베스트셀러가 되는가를 배우는 것이 능력 있는 비즈니스맨이다. 결국 배움이란 유추하는 것이다. 다른 세계의 것을 받아들여 나의 세계에 적용해 어떤 성과를 내려고 하는 것. 그렇기 때문에 유추로 아무것도 볼 수 없다면 독자로서 무능한 것이다.

사서 손해 봤다, 속았다라고 느끼는 사람에게는 오히려 이런 사고방식을 제안해 보고 싶다. 속는 것도 비즈니스의 본질이니 '왜 속았는가?', '상대의 어떤 점이 한 수 위였는가?'를 생각해 보는 것이다. 오해의 소지가 있는 말이기는 하지만 비즈니스는 결국 서로가

서로를 속이는 것 아닌가.

　제목이 훌륭했는가? 표지의 디자인에 끌렸는가? 저자의 프로필이 매력적이었는가? 광고 문구에 설득당했는가? 아마존의 책 소개가 교묘했는가?

　무엇이 됐든 간에 이런 사고를 통해 상대를 속일 수 있는 방법을 배울 수 있다. 그 대가로 몇만 원은 그리 큰 금액이 아니며 오히려 사서 이득일 수도 있다. 나쁜 짓을 하라는 말이 아니다. 속이는 방법도 기술로 받아들이면서 최종적으로는 좋은 일을 위해 사용하는 것이 비즈니스맨의 논리라는 것이다.

베스트셀러에서
얻을 것과 버릴 것

영향력 있는 서평가 중에는 베스트셀러를 혐오할 뿐 아니라 읽지 말아야 한다고까지 말하는 사람들이 있다. 전혀 이해할 수 없는 주장이다.

베스트셀러를 읽는 데에는 아주 큰 의미가 있다. '왜 그 책이 팔리는가'를 확인하는 것만으로도 가치가 있기 때문이다. 이 세상은 소음으로 가득 차 있지만, 시대의 변화를 예감할 수 있는 신호도 있다. 베스트셀러는 때에 따라서는 이런 신호가 된다. 제대로 잘 읽는다면 변화를 먼저 파악하고 잡아낼 수 있을지도 모른다.

그 책은 왜 베스트셀러가 되었는가? 정답은 단순하다. 평소에는 책을 읽지 않는 사람들이 샀기 때문이다. 항상 미간을 찌푸리며 난해한 단어를 쓰는 서평가가 산 것이 아니라 일반 대중이 샀기 때문에 베스트셀러가 된 것이다.

당신의 비즈니스 고객은 전문가인가? 아니면 일반 대중인가? 대중이라면 베스트셀러를 읽고 '왜 팔리는지, 그 이유'를 연구해 보도록 하자. 베스트셀러는 '내용'을 읽기 위해 펼치는 것이 아니다. 그 책이 어떻게 해서 히트했는가, 어떻게 대중의 마음을 사로잡았는가를 알기 위해 읽는다. 마케팅은 대중의 마음을 사로잡기 위한 것이다. 책에서 단 한 군데도 밑줄을 그을 부분이 없어도 괜찮다.

광고, 설명문, 제목… 무엇이 히트의 요인인가? 책 '밖'에 밑줄을 긋는다고 생각하는 것이 중요하다. 경제경영서에만 해당되는 이야기는 아니다. 히가시노 게이고의 소설이 가장 많은 사람들이 읽는 소설이라면 베스트셀러를 지탱하고 있는 층의 지적 수준이 어느 정도인가를 알아보기 위한 최적의 샘플이 될 수 있다.

공인회계사 야마다 신야山田真哉의 밀리언셀러《동네 철물점은 왜 망하지 않을까》さおだけ屋はなぜ潰れないのか?에 대해 신랄한 서평을 쓴 사람은 대부분 같은 업계에서 일하는 사람이나 경리 담당자였다.

전문가가 읽을 가치가 없는 책, 수준이 너무 낮은 책, 내용이 없는 책. 베스트셀러는 이런 서평이 따라오는 운명인지도 모른다. 미타 노리후사三田紀房의《꼴찌 동경대 가다》ドラゴン桜도 츠보타 노부타카坪田信貴의《학년 꼴찌 갸루가 1년 만에 편차치를 40 올리고 게이오대학에 현역 합격한 이야기》学年ビリのギャルが1年で偏差値を40上げて慶應大学に現役合格した話도 교육관계자를 중심으로 냉혹한 서평이 줄을 이었다.

내 눈에는 그 서평을 쓴 사람들의 문장에서 질투심밖에 보이지 않는다. 경리 전문가가 읽을 수준의 책이 아니라고 하지만, 경리 전문가가 읽을 책으로 펴내지 않고 수준을 낮춰 일반화했기 때문에 밀리언셀러가 되었다. 애초에 저자는 '경리 전문가'들을 위한 용도로 이 책을 썼다고 말하지 않았다. 이런 서평을 쓴 이유는 자기와 관계가 있는 분야에 생각지도 못한 금광이 숨어 있었던 것을 깨닫지 못한 조바심 때문이다. 자신이 질투하고 있다는 사실을 깨닫지 못하면 더 이상의 성장은 없다.

《꼴찌 동경대 가다》나《학년 꼴찌 갸루가 1년 만에 편차치를 40 올리고 게이오대학에 현역 합격한 이야기》는 시장을 바꿔서 성공했다. 만화나 소설로 분야를 바꾸었으나, 금욕적인 학습 참고서 코너에 책이 놓인다. 학습 참고서 코너에 만화책과 갸루가 들어간 표지가 놓이니 눈에 확 띈다. 게다가 도쿄대학이나 게이오대학에 들어간다고 하니 마음 놓고 부모에게 구매하라고 할 수 있다. 이런 시장을 스스로 개척한 것이다. 책에 나오는 방법을 비판만 하고 있는 경영자라면 이런 일을 할 수 있었을까?

베스트셀러는 책의 수준이 낮다고 평가절하해 버리고, 읽지 않으면 좋은 '배움'의 기회를 놓쳐 버리고 만다. 세간에서 좋다고 평가하고 있는 이상 거기에는 틀림없이 배울 것이 있다. 설령 내용이 없더라도 파는 방법이나 팔리는 방법에 힌트가 있을 수 있다. 한 번 더 이야기하고 싶다. 밑줄을 그을 부분은 책의 '내용'에만 있는 것이 아니다. 책의 '밖'에 밑줄을 그을 만한 부분이 있을지도 모른다.

때론 책이 광고지로서의 역할을 할 수도 있다

근대 일본의 첫 베스트셀러는 후쿠자와 유키치福澤諭吉의 《학문을 권함》學問のすすめ이다. "하늘은 사람 위에 사람을 만들지 않았고 사람 아래에 사람을 만들지 않았다고 한다."라는 글 앞머리가 매우 유명하다. 또 국민국가 건설을 향한 기개와 신분제 부정, 문명개화로 이어지는 이야기 때문에 계속 입소문을 타는 명저이다.

그런데 《학문을 권함》이 명저인 데는 또 하나의 이유가 있다. 게이오기주쿠에 사람을 끌어들이기 위한 광고지 역할을 한다는 점이다. 후쿠자와 유키치는 학자, 계몽가인 동시에 '학교'라는 구조를 일본에서 가장 먼저 비즈니스 모델로 전환한 경영자다.

주요 내용은 이렇다. 사농공상이라는 계급 제도에 매여 있던 낡은 시대는 막이 내리고 모두가 평등해진다. 앞으로는 계급이 아니라 능력으로 차이가 나는 시대다. 공부를 하면 위로 올라갈 수 있다. 그러니 공부를 하자. 이렇게 새로운 시대를 예감하게 하고 높은 이상을 노래하면서 '그때는 게이오기주쿠로…'라는 선전을 잊지 않는다.

사실 일본은 그 후 계급사회가 아니라 학력사회가 되고 그와 함께 게이오기주쿠는 번영해 갔다. 그리고 《학문의 권함》은 시대가 바뀌는 상징적인 신호가 되었다.

하늘은 사람 위에 사람을 만들지 않았고, 사람 아래에 사람을 만들지 않았다. 이 문장을 떠올리며 마음이 고양되는 것만을 느낄 뿐이라면, 당신은 최고의 비즈니스맨이 될 수는 없다. 《학문의 권함》에서 배워야 할 것은 비즈니스이며, 마케팅, 브랜딩이다. 장사에 유능했던 학자가 학교 운영을 시작할 즈음 지속적으로 이어 가기 위해 어떤 구조를 생각했는지를 살펴봐야 한다.

게이오기주쿠는 실제로 그 후 150년간이나 학교도 브랜드도 지속되고 있다. 참고로 나도 게이오기주쿠 출신이다. 후쿠자와 유키치를 존경하고 있다는 이야기를 덧붙이고 싶다.

지식은
현장에서 완성된다

경제경영서를 통해 비즈니스와 관련된 지식을 얻을 수 있는 것은 분명하다. 그러나 살아 있는 비즈니스 체험을 위해 현장에서 경험하는 것은 중요하다.

'오레노 이탈리안'에서 무엇을 배울 것인가

오레노 주식회사는 스탠딩 음식점으로 성공한 오레노 이탈리안,

오레노 프렌치 등을 운영하는 회사다. 스탠딩 음식점의 특성상 서서 먹어야 하기 때문에 고객에게는 만족스럽지 못한 업태이기도 하다. 그런 이유로 저렴하고, 저렴한 가격이 고객의 지지를 받는 핵심 요인이라 생각하기 쉽다.

하지만 이는 본질을 잘못 파악한 것이다. 앞서도 이야기했듯이 음식점의 센터 핀은 '맛'이다. 맛이 없으면 고객의 발길은 뜸해진다. '오레노'에 손님들이 찾아가는 이유는 맛있기 때문이다. 그렇다면 그렇게 '저렴한 가격'으로 어떻게 '맛있는 음식'을 제공할 수 있을까? 여기에 바로 비즈니스 힌트가 숨어 있다.

오레노를 창업한 사카모토 다카시의 저서 《오레노 식당》俺のイタリアン俺のフレンチ에는 오레노 주식회사의 비즈니스 모델이 지닌 놀라운 본질이 단 한 장의 표로 정리되어 있다. 오레노의 성공 이유는 스탠딩으로 회전률을 높이고, 그것이 가져온 경이적인 손익분기점의 우수함에 있다.

보통 음식점의 원가율은 40퍼센트라고 하는데 '오레노'의 원가율은 60퍼센트를 넘는다. 그런데도 압도적인 회전율 때문에 수지收支가 맞다. 손님의 회전율이 올라가면 올라갈수록 수익률이 높아지고, 시뮬레이션을 해보면 요리의 원가율은 88퍼센트가 되도 이익이 난다고 한다.

2만 원의 요리에 1만 2,000원(60퍼센트인 경우), 1만 7,600원(88퍼센트인 경우)의 원가가 들어가도 이익이 난다면 라이벌 가게의 맛을 압도하고도 남는다. 고객이 서 있는가, 앉아 있는가가 문제의 핵심이 아니다. 좋아진 회전율로 얻은 이익으로 '맛있는 음식'을 만든 것이 성공의 이유이다.

'서서 먹게 하는 것'은 하나의 방법론일 뿐이다. 반대로 이 비즈니스는 손님의 회전율이 올라가지 않으면 순식간에 무너진다. 그리고 만약 앉아서 먹어도 회전률이 높아지는 구조를 라이벌이 만든다면 '오레노'는 위기를 맞을지도 모른다.

배경을 알고 싶다면 '현장'에 가자

비즈니스가 성공하는 방법을 알려면 책만 읽지 말고 꼭 현장 검증을 하라는 말을 하고 싶다. 나는 '오레노 이탈리안'이나 '오레노 프렌치'에 갔을 때 젊은 고객밖에 없어서 놀랐다. 이 모습을 보는 것과 안 보는 것은 상당한 차이가 있으며, 자신의 비즈니스에 활용할 때 뉘앙스가 달라진다. 우버나 에어비앤비의 선진적인 비즈니스 모델을 모르는 사람은 이제 별로 없을 것이다.

그렇다면 막상 이렇게 예찬을 하면서 실제로 사용해 본 적은 있을까? 이야기로 듣고 아는 것이 아니라 실제로 경험해 봐야지만 알게 되는 것들이 있다. 우버의 배차는 시간이 얼마 정도 걸리는가, 운전기사는 몇 명인가, 수익 구조는 어떤가, 운전기사들에게는 어떤 점이 좋은가, 자주 이용하는 사람의 수는…? 배차를 의뢰하고 차를 기다리는 짧은 시간에도 여러 가지 궁금증이 생긴다.

흔히 말하는 민박 사이트, 에어비앤비도 마찬가지다. 실제로 이용해 보면 에어비앤비의 우수한 비즈니스 모델을 실감할 수 있다. 에어비앤비의 성공은 '매입'을 잘 했기 때문이라 할 수 있는데, 그들은 프로가 아닌 아마추어에게서 매입을 했다. 방의 소유자는 방을 그냥 두면 돈을 벌 수 없다.

그래서 매입가(임대료 중 빌린 방에 해당하는 부분)만으로 모집을 해도 되는 것이다. 원가율이 100퍼센트이다. 하지만 방을 비워 놓고 손해를 보느니 싼 가격에라도 빌려 주자는 생각을 하게 된다. 덕분에 호텔에서는 생각할 수 없는 요금으로 괜찮은 방에서 묵을 수 있는 것이다.

경제경영서를 읽고 우수한 비즈니스 모델의 비결을 알게 된다. 그다음에 현장으로 가서 직접 체험해 보거나 책에 있는 내용과 다른 점을 찾아본다. 이 훈련을 반복하게 되면 세상을 바라보는 눈이 이전과는 완전히 달라질 것이다.

주변에 남다른 관점으로 핵심을 잘 찾아내는 사람이 한두 명은 있지 않은가? '내 눈에는 안 보이는데, 그 사람 눈에는 잘 보이네'라는 생각이 들게 하는 우수한 사람 말이다. 아마도 그 사람은 이런 훈련을 꾸준히 하고 있을 것이다. 당신도 그런 사람이 되었으면 좋겠다.

제7장

승자들은 책에서
교양과 지혜를 얻는다

밑줄, 그을수록 좋은 문장을 발견하는 힘이 강해진다

책 속의 지혜를 잘 품으면
품격이 올라간다

나는 NHK 라디오 〈실천 비즈니스 영어〉実践ビジネス英語의 강사인 스기타 사토시杉田敏를 개인적으로 존경한다. 그에게는 교양과 지성을 쌓는 남다른 기술이 있기 때문이다.

'영어 단어 외우기 천재'가 하고 있는 것

NHK출판에서 발행한 《실천 비즈니스 영어》는 수준이 높은 교재를 찾고 있는 사람에게 꼭 추천하고 싶은 책이다. 비즈니스 영어의 달인인 스기타에게는 기술이 있다. 한번 외운 영어 단어는 절대 잊어버리지 않는 것이다. 암기력의 천재일지도 모르지만, 스기타는 항상 영어 지식이나 그 단어가 뜻하는 의미, 혹은 개념에 흥미가 있어서 잊어버리지 않는다고 한다.

나는 이 모습에서 교양이나 지성을 쌓을 때의 성실한 자세를 엿본다. 어느 정도 단어를 외우면 '엉망진창이라도 좋으니 일단 영어로 말해 보자'라는 유형의 강사도 있지만, 회화 상대는 결국 어떤 문장, 어떤 단어를 사용하는가로 상대의 지성을 추측한다. 나의 교양을 보여 주고 상대의 교양도 끄집어낸다.

교양 있는 지적인 회화를 하고 싶다면 영어의 경우 사용 가능한 어휘를 늘려야만 한다. 그리고 이것은 영어에만 해당되는 이야기가 아니다. 지적 호기심이 채워지면 가슴이 설레고, 두근두근 하지 않는가?

어떤 단어를 알면 주절주절 길게 설명해야 할 것이 단 한마디로 상대에게 전해진다. 스기타에게 한 걸음이라도 더 가까이 가기 위해서는 흥미나 지적 호기심을 갖고, 머리를 스펀지와 같은 상태로 만들어 두는 것이 중요하다. 그러기 위해 제7장에서는 '교양'에 도전하는 방법을 생각해 보도록 하자.

'지적 호기심'이 '공포'를 이길 수 있는가

미지의 세계에 발을 내디딜 때는 공포를 느낀다. 더욱이 내가 잘 모르는 분야나 난해한 책을 읽을 때는 좀처럼 시작하지를 못 한다. 내가 이해를 못하지 않을까? 중간에 좌절하지는 않을까? 지금 잘 하고 있는 영역을 넓히는 편이 낫지 않을까?

이런 생각에 좀처럼 미지의 땅을 밟으려고 하지 않는다. 이런 공포를 '아직 보지 못한 세계를 보고 싶다'라는 지적 호기심이 이기지 못하면 최고가 될 수 없다.

일본의 도서관에는 4,000만 점 이상의 자료가 보관되어 있다고 한다. 각 자료마다 저자나 편집자가 있고, 그들은 독자에게 무엇인가를 전하고 싶어서 그 자료들을 만들었을 것이다. 두근거리지 않는가? 모르는 것이 산처럼 많다. 지적 호기심의 볼륨을 올리고 도전하기 바란다. 그 앞에 '교양'이 있다.

'돈'은 빼앗을 수 있어도 '지혜'는 빼앗을 수 없다

고난의 역사가 계속되었던 유대인에게는 다음과 같이 유명한 가르침이 있다.

"땅과 재산은 빼앗을 수 있어도 지혜와 인맥은 빼앗을 수 없다."

학대받고 입는 것과 먹는 것, 그 외 모든 것을 빼앗기고 투옥되어도 지혜만은 감옥까지 가져갈 수 있다. 나라를 계속 빼앗겼던 유대인이기 때문에 가장 투자해야 할 것, 마지막까지 신용할 수 있는 것은 지혜와 사람임을 간파하고 있다.

재산을 다 빼앗겨도 사람에게는 지혜가 남아 있다. 가령 회사가 도산을 해도 지혜만 있으면 다시 사업을 시작할 수 있다. 희망만 잃지 않는다면 지혜를 씨앗 삼아 반드시 회복할 수 있다.

프로 스포츠 선수들을 둘러싼 안타까운 뉴스를 볼 때마다 그들에게는 몇십억 원이나 되는 연봉이 아니라 아주 기본적인 지혜가 필요하지 않았을까 하는 생각을 하게 된다. 책은 지혜를 얻기 위한 멋진 도구이다. 설령 학교에 갈 돈이나 기회가 없더라도 우리에게는 다 읽을 수도 없을 정도의 책이 있다.

노구치 유키오野口悠紀雄 씨의 저서 《'초' 납세법》「超」納税法에는 흥미로운 고찰이 기술되어 있다.

"지혜에는 세금이 붙지 않는다."

이것은 놀라운 발견이다. 지혜는 재산과 비슷한 성격을 갖고 있는데도 토지를 가진 사람에게는 세금이 매겨지지만 지혜를 가진 사람에게는 세금이 매겨지지 않는다. 애초에 얼마나 보유하고 있는지를 측정할 수 없기 때문에 세무서도 이를 파악할 수 없다. 하지만 지식의 유무에 따라 돈을 벌 수 있는 힘은 몇 배, 몇십 배 차이가 난다. 그 '결과'인 소득에는 세금을 매길 수 있지만 '원인'인 지식은 어디까지 가도 비과세이다.

사업에 실패한 사람, 파산한 전 경영자에게 다시 투자하거나 지원하는 사람이 나타나는 것은 이 원칙을 잘 알고 있기 때문이다. 무일푼이 되었다 해도 어느 정도까지 성공했던 이유는 지식이나 재능이 있기 때문이다. 이것은 변하지 않는 사실일 뿐 아니라 오히려 큰 실패가 성공 확률을 높여 주는 디딤돌이 될 가능성도 있다. 투자가는 여기에 주목한다. 지식이 있는 사람은 지식이 있는 사람만을 진심으로 상대한다. 지식의 유무는 대화를 조금 나눠 보는 것만으로도 드러난다.

돈이 없어도 진짜 지혜와 아이디어가 있는 사람에게는 투자해 줄 사람이 나타난다. 청나라 말기의 대부호 호설암胡雪岩은《중국 상인 돈 버는 지혜》中国商人儲けの知恵에서 이런 말을 했다.

"물이 많아지면 물 위에 떠 있는 배의 위치도 높아진다. 다시 말해 사람은 칭찬받으면 받을수록 훌륭해진다."

함축적인 뜻이 담긴 말이다. 배는 수량水量이 늘어나면 올라간다. 즉 주변에서 안 된다는 소리만 하면 그 사람은 뭘 해도 잘 안 되고, 잘 될 거라고 치켜세워 주면 덩달아 위로 올라간다. 당신에게 교양이 있다면 위로 올려줄 사람들이 나타날 것이다.

일도 놀이처럼,
놀이도 일처럼

워크라이프 밸런스를 자주 거론하는데, 실상 이는 아주 터무니없는 이야기다. 워크와 라이프, 일과 삶은 나눌 필요가 없다. 일이 놀이고 놀이가 일이기 때문이다.

'베스트 플레이어'가 되고 싶다면 시간을 투자하자

모든 시간을 배움에 쓰는 것은 즐거움이고, 배움의 결과를 일에 활용하는 것은 또 다른 즐거움이다. 그래서 워크와 라이프, 일과 사생활 사이를 구분하려 하지 않는다. 그런데도 가끔 워크라이프 밸런스가 화제가 되는 것은 보통 이런 감각을 가진 사람이 많지 않기 때문이라고 짐작할 수 있다.

어쩌면 당신도 그럴지 모른다. 이런 사람에게는 '천재'들의 책을 읽어 보라고 권하고 싶다. 천재들의 여러 일화를 통해서 배울 수 있는 유일한 결론은 '그 일을 하는 시간이 길다'는 사실이다. 너무 노골적이라고 생각할지 모르지만 이것은 진리다. 성과를 내고 있는 사람은 거기에 들이는 시간이 압도적으로 많다. 아마추어가 프로를 이기지 못하는 결정적 이유는 투자하는 시간의 차이에 있다.

영국 《타임》의 칼럼니스트이자 BBC방송의 스포츠 해설자인 매슈 사이드Matthew Syed라는 사람이 있다. 매슈 사이드는 영국 탁구 대표선수로 올림픽에도 두 번 출전했고, 영연방 대회에서 세 차례나 우승을 차지한 금메달리스트이다.

매슈 사이드의 저서 《베스트 플레이어》Bounce에는 그가 어떻게 탁구를 잘하게 되었는지가 나와 있다. 매슈 사이드의 형도 탁구 선수인데, 집 차고에 경기용 탁구대가 있어 이들은 자연히 탁구와 친숙해지는 환경에서 자랐다. 형제의 커뮤니케이션은 탁구 연습 그 자체였다. 그가 다녔던 초등학교에 영국 최고 수준의 탁구 선수가 있었고 집 근처에는 24시간 운영하는 스포츠클럽도 있었다. 계속 연습할 수 있는 환경이었을 뿐만 아니라 아무리 해도 질리지 않았다.

성공의 열쇠는 '재능'이 아니라 '연습'이 쥐고 있다고 한다. 좋은 환경과 좋은 코치가 있고, 싫증 내지 않고 오랜 시간을 투자한다면 재능은 꽃을 피운다. 천재에 대한 다른 연구도 대개 같은 결론을 내린다. 답은 간단하다. 어떤 일이든 '꾸준히 계속하는 사람'이 잘하게 된다.

모르는 것에 대한 공포를,
발견의 기쁨으로

모르는 것을 부끄러워하거나 두려워하는 대신 지식을 발견하고, 그를 통해 지혜를 얻는 기쁨을 생각해 보자. 책을 통해서 말이다.

한 권에서 끝내지 말고 연쇄 독서를 하자

다양한 책을 읽고 밑줄 친 좋은 내용들이 내 안에 축적되어 가면 연쇄 독서의 즐거움을 이해할 수 있게 된다. 하나의 책에서 얻은 메시지나 지혜가 한 권으로 끝나지 않고, 다른 책으로 파생되어 지식이 확장되는 즐거움 말이다.

앞서 소개했던 예로 이야기해 보자. 결산서의 지식을 얻고 존슨앤존슨의 '우리의 신조'의 훌륭한 구조를 깨닫게 되면 이번에는 실제로 존슨앤존슨이 어떤 경영을 해왔는지 알고 싶어진다. 이 부분을 찾아보면 존슨앤존슨 일본법인 사장을 역임했던 아타라시 마사미의 《사장은 무엇을 해야 하는가》라는 책이 있음을 알게 된다. 그다음에 프록터앤드갬블을 연구해 본다. 유니참을 분석해 본다. 그리고 업태를 바꿔서 무인양품의 매니지먼트를 공부해 본다.

매니지먼트의 중요성을 인식하고 《피터 드러커-매니지먼트》를 다시 읽어 보면 전에는 볼 수 없었던 새로운 것들이 보이기 시작한다. 이런 사고의 수평전개가 시작되면 독서를 끝낼 수 없게 된다. 모르는 것에 대한 '공포'가 모르는 것을 알게 되는 '기쁨'으로 변한다. 여기까지 도달할 수 있다면 이 책의 역할은 끝난 것이다.

'두꺼운 책'에 도전하는 요령

비즈니스 세계에서는 다른 사람(타사)과의 '차이'를 만드는 것이

승자의 조건이라고 앞서 말했다. 이런 '차이'를 만들기 위해서는 다른 사람들이 읽기 꺼려 하는 책에 도전하면 효과가 있다. '두꺼운 책'이나 '고전'이 대표적인 예다.

먼저 '두꺼운 책'에 대해 생각해 보자. 두꺼운 교과서는 보기만 해도 진절머리가 날지도 모른다. 시험 삼아 펼쳐 보면 깨알만 한 글자와 어마어마한 정보량에 놀란다. 이런 책은 내가 읽을 수 있는 책이 아니라고 기가 죽어 버린다. 하지만 그렇기 때문에 읽으면 경쟁 우위를 만들 수 있다.

특히 미국 교과서나 명저 중에는 두꺼운 책이 많지만 그 분량을 무서워할 필요는 없다. 오히려 미국 교과서는 아주 양심적이다. 그래서 두꺼워졌다. 서비스 정신이 왕성해서 두꺼워진 것이다. 책 한 권에 해당 분야의 모든 것을 체계적으로 정리해 놓았기 때문에 기본적으로 올인원이다. 몇 권이나 살 필요 없이 한 권으로 끝낼 수 있다. 아주 멋지다는 생각이 들지 않는가?

무엇보다도 활용 가능한 사례 연구가 많이 수록되어 있다. 사진이나 도판 자료도 많아 시각적으로 질리지 않는다. 논거가 되고 있는 데이터도 풍부해서 독자가 일일이 검증하지 않아도 된다. 가까이에 두고 필요할 때에 필요한 부분만 읽으면 된다. 사진만 훌훌 넘겨 보거나 박진감 넘치는 사례 연구만을 골라 읽어도 자극이 된다. 저자나 편집자가 서비스해 준 결과의 '두께'이니 독자는 즐기면서 읽으면 된다. 불쌍한 쪽은 오히려 이 두꺼운 분량과 씨름했을 저자나 편집자일 것이다.

계속해서 개정하고 있는 리처드 브릴리Richard A. Brealey, 스튜워트 마이어스Stewart C. Myers, 프랭클린 앨런Franklin Allen의 《재무관리의 이해》Principles of corporate finance는 1,000페이지가 넘는 두꺼운 책인데도 불구하고 사실은 읽기가 쉽다. 어쨌든 만든 사람이 친절하다. 세트로 구입하면 번역판으로 13만 원이다. 하지만 전혀 비싸다고 생각하지 않는다. 이 책에는 13,000원짜리 단행본 10권분을 훨씬 뛰어넘는 내용이 있다. 꼭 즐기면서 도전해 보기 바란다.

'고전'을 읽으면 생각하는 힘이 생긴다

'고전'은 중요함에도 불구하고 많은 사람이 멀리하고 있는 분야다. 하지만 경쟁 우위를 얻기 위해서는 꼭 읽어 두어야 한다. 타키모토 테츠후미瀧本哲史의 《독서는 격투기》読書は格闘技를 읽고 가장 공부가 많이 되었던 부분은 카네기의 《데일 카네기의 인간관계론》How to win friends & influence people 같은 책이 왜 명저가 되고, 오랫동안 계속 팔리고 있는가에 대해 이야기한 부분이었다.

'높은 보편성을 가진 원칙'을 독자에게 이해시키기 위해서는 상황을 이해하기 어려운 사례를 사용해 독자의 사고를 촉진시키는 방법이 좋다. 그래서 《데일 카네기의 인간관계론》이나 한비자의 《세난》說難이 저자의 의도와는 관계없이 명저가 되고, 결과적으로는 고전이 되었을 것이다. 고전의 사례는 현대에 맞지 않고 이해하기 어려워 보인다. 하지만 그렇기 때문에 '내 경우라면 어떨까?'라고 '변환해서 대입'하는 힘이 생긴다. 다시 말해 고전은 '예시가 이해하기 어렵기 때문에 도움이 된다'는 말이다.

이제 와서 전국시대 장수의 사고방식이나 전투에 대해 알고 그리스 신화를 이해한다고 해서 당장 도움이 되는 것은 아니다. 시대가 너무 다르기 때문이다. 그래서 근원적이고 본질적인 것만을 골라내 자신이 처해 있는 현실에 맞게 '변환'시켜야 한다. 이런 훈련의 필요성을 강하게 느끼는 것이야말로 고전을 읽는 묘미다. 시대가 변해도 계속 마음에 담아 두고 싶은 '보편의 진리'는 무엇인가? 노자나 공자나 카네기를 읽고 여기에 대한 답을 찾아보기 바란다.

밑줄을 그으면 그을수록 더 좋은 곳에 밑줄을 긋게 된다

양질의 경제경영서와 만나, 나는 오늘도 밑줄을 긋는다. 그 밑줄 안에 시대의 모습과 앞으로의 행방, 그리고 정말 중요한 것이 숨어 있다. 역시 품질을 고수해야 한다, 글로벌화가 더 빨라지고 있다. 그리고 역시 현장보다 나은 것은 없다. 이렇게 배운 것을 바로 실천해 본다. 그러면 또 새로운 분야에 관심이 생기고 경제경영서를 읽고 밑줄을 긋는다.

교육은 아주 잔혹하다. 공부한 사람은 더욱 깊게 공부하게 되고, 그렇지 않은 사람과의 차이는 상상 이상으로 벌어진다. 영어를 읽을 수 있는 사람과 읽지 못하는 사람은 외국에서 길을 걸을 때조차, 간판을 통해 들어오는 정보량의 차가 크다. 때에 따라서는 위험을 경고하는 정보를 놓쳐서 생명을 잃는 위험에 처할 수도 있다.

국어를 잘하는 아이는 머리가 좋아진다. 모든 정보가 국어를 통해 들어오기 때문이다. 어른이 되어서도 마찬가지다. 똑같은 경제경영서를 읽는다고 해도 이해의 깊이는 각자 다르다. 밑줄을 긋는 부분도 다르다. 이런 결정적인 차이를 초래하는 것은 기초 교양이다. 회계를 모르면 존슨앤존슨의 '우리의 신조'의 의미도, USJ가 왜 집객수에 집중하는지도 본질적으로는 이해할 수 없다.

교양에 도전하자.

약점에 맞서자.

부분 연습을 하자.

교양이라는 무기를 손에 넣고 일선에서 활약하기 위해 책에 밑줄을 긋기 바란다.

배움은
성공을 향한 에너지다

나는 건축현장에서 일하던 블루칼라인 아버지에게서 태어났다.

블루칼라가 설움을 겪는 이유

당시 수도나 가스 공사를 담당하던 사람들은 기술자로 인정받기보다는 막일을 하는 낮은 신분으로 여겨졌다. 그래서 그들의 말은 자주 무시당하곤 했다. 아버지는 구조 변경이나 불합리한 일정 변경 등 제멋대로인 주변 상황에 항상 휘둘렸다. 아버지가 큰아버지와 함께 어느 부잣집에 수도 공사를 하러 갔을 때의 일이다.

장시간 이어지는 작업 중간 휴식 시간에 시공주는 작업자들에게 차를 내어 주며 노고를 위로했다고 한다. 그때 두 분은 커다란 저택 마당에 멍석을 깔아 줘서 거기에 앉아 차를 마셨다고 한다. 저택 툇마루에도 올라가지 못했다. 아버지가 고개를 숙인 채 입술을 깨물고 있자 큰아버지는 다른 사람에게 들리지 않을 정도의 작은 목소리로 이렇게 말했다.

"가난하다는 건 이런 거야."

아버지는 큰아버지가 갑자기 돌아가신 후 가난을 극복하기 위해 대를 이었고, 참고 또 참아 가며 장사를 계속했다. 온갖 불합리한 일들을 감내하고, 하고 싶은 일도 못하면서 가족을 위해 매일 현장에 나갔다. 아버지에게도 있었을 꿈. 가슴속에 어느새 자리 잡은 헝그리 정신. 나는 이것들을 물려받아 오늘까지 살아 왔다. 멍석 위에 앉으셨던 아버지의 굴욕을 생각하며 내 가슴속에 불을 지펴 왔다.

후쿠자와 유키치가 말한 대로 신분 차별을 없애는 방법은 '배우는 것'이다. 예전에는 요리사가 '천한 직업' 중 하나였다. 하지만 맛을 탐구하고 교양을 익히고 최고의 요리에 다다른 요리사들을 지금은 '셰프'라 부르며 존경하게 되었다.

'배움'이 인생을 열고 사람들에게 기쁨을 가져다주는 것이다. 누구나 동등하게 참가해 동등하게 평가한다. 이것이 세계의 가치를 최대화한다고 나는 믿고 있다. 그래서 아직 빛을 보지 못한 저자의 책에 빛을 비추거나 매일 디지털 잡지에 경제경영서를 소개해 왔다.

내가 최초에 샀던, 갖고 싶지도 않은 고급차는 파란색 마세라티였다. 그 파란색 안에 아버지가 탔던 트럭의 파란색도 블루칼라의 '블루'도 함께 있다. 블루는 나의 '동기'를 물들이고 있는 상징 컬러다. 내 생명을 '블루의 지위 향상'에 쓰고 싶다.

'행복'은 절대평가, '성공'은 상대평가

"도이 씨는 성공에 대해서는 이야기하지만, 행복에 대해서는 이야기하지 않는다."

이런 말을 들은 적이 있다. 맞는 말이다. 나는 '행복'에 대해 말한 적이 없다. 하지만 그건 당연하다. 행복은 어디까지나 본인의 문제고, 본인이 하기 나름이다. 날이 밝은 것도, 배부르게 먹은 것도, 친구에게 메일이 온 것도 '행복하다'라고 느껴진다면 그건 틀림없이 행복한 상태다. 행복은 그 사람의 '절대평가'이고 다른 사람과 비교하는 것에 본질적인 의미가 없다. 비교하기 시작하면 불행해질 뿐이다.

하지만 '성공'은 다르다. 성공은 다른 사람이나 과거의 나와 비교했을 때의 정도를 나타내는 것이고, 항상 '상대평가'이다. 그냥 생각만 해서는 성공을 할 수 없고 성공하기 위해서는 배움과 실천이 필요하다. 그래서 매일 책을 읽고 밑줄을 그어야 한다. 이 책이, 당신이 성공을 향해 발을 내딛는 에너지가 되기 바란다.

도이 에이지

한 권 책이 가져온
작지만 놀라운 변화

얼마 전 지인과 차 한 잔을 하면서 흥미로운 이야기를 들었다. 지인이 아는 의사가 TV에도 나오고 대중적으로 꽤 유명해졌는데, 그 이유가 궁금해 물어봤다고 한다. 그 의사의 대답은 이랬다.

"2000년 초반에 책을 한 권 읽었습니다. 거기에 농구공을 제조해 판매하는 '바스킷볼피플'Basket Ball People이라는 회사 이야기가 나왔어요. 1999년 당시 전 세계 농구공 제조업계 TOP 5에 드는 회사였는데, 경제 성장 둔화 및 수익성 악화로 고전하고 있었죠. 당시 사장 호라티오 후프는 혁신적인 변화를 통해 위기에서 탈출했는데, 그것이 《관계 우선의 법칙》이라는 책에서 얻은 한 줄의 깨달음 때문이라고 하더군요.

그래서 '제품(농구공) 우선의 법칙'을 버리고 농구공이 아닌 농구선수를 중심으로 사업계획을 다시 구축한 겁니다. 변신의 첫 단계는 농구공 대신 특정 고객집단, 즉 농구선수들에게 집중하기로 결정하는 것이었어요. 이 간단한 결정이 회사의 운명을 180도 바꿔버렸습니다.

농구공 외에 농구 유니폼, 농구 훈련 비디오, 팀 관리 소프트웨어, 프로 농구선수들에 대한 정보 등이 꼬리에 꼬리를 물고 등장했습니다. 그들은 농구에 관해 세계에서 가장 광범위한 웹사이트를 구축하기 시작해, 5년에 걸쳐 전 세계 1,500만 명 이상의 농구선수와 관계를 맺게 됩니다.

당시 저도 개인 홈페이지를 만들려던 참이었는데, 이 이야기를 듣고 홈페이지 구축 방향을 바꿨죠. 나의 개인적인 이야기 대신 전공 분야의 정보들을 모두 모아서 올렸습니다. 그 덕분에 방송에 출연할 의사 패널을 찾던 방송작가의 눈에 홈페이지가 띄었고, 그때 인연으로 지금까지 방송을 하고 있습니다."

그 이야기를 듣자마자 얼마 전에 번역해서 넘긴 원고가 생각났다. 그 책을 통해 내게도 작은 변화가 생겼기 때문이다. 그 책이 바로 《그들은 책 어디에 밑줄을 긋는가》이다. 이 책 본문에 "그동안 해보지 않았거나 중요성을 알면서도 왠지 모르게 피해 왔던 분야가 있다면 이번 기회에 꼭 봐 두기 바란다"라는 문장이 나온다.

이 문장을 보고 그동안 내가 어떤 책을 읽어 왔는지 되돌아보았다. 나는 주로 문학, 글쓰기 관련 책, 마케팅 관련 책을 읽었다. 번역 일을 하면서 나만의 경쟁력을 키울 수 있는 방법은 내 전공 분야의 지식을 쌓는 것이라 생각했다. 그래서 마케팅 관련 책, 그중에서도 좋아하는 저자의 책을 주로 읽었다. 그 덕분에 마케팅 관련 책을 몇 권 번역할 수 있었다. 하지만 이 책의 저자는 마케팅 공부를 한다고 해서 마케팅 책만 읽어서는 안 된다고 지적한다. 다양한 분야를 넘나들며 지식을 확장하는 기회를 놓치기 때문이다. 그래서 번역 작업을 끝낸 후 다른 분야에 도전해 보기로 했다. 그동안 해보지 않았던 회계 공부와 중요성을 알면서도 왠지 모르게 피해 왔던 경제 공부를 하기로 마음먹은 것이다.

먼저 회계 공부를 시작했다. 유독 숫자에 약할 뿐 아니라 회계는 나와 전혀 상관없는 분야라고 생각했다. 하지만 "회계를 모르는 이상 아무리 경제경영서를 열심히 읽어도 내용을 정확히 이해하고 평가하기 어렵다."라는 이 책의 문장이 가슴에 와 닿았다.

폭을 넓혀 다른 분야의 책도 번역해 보고 싶다는 욕심이 생겼고, 언제 어떤 책과 만나게 될지 모르니 그때를 위한 대비를 해 놓고 싶어졌다. 서점에서 저자가 소개한 책을 구입하고, 회계학 관련 책도 훑어보며 그중 가장 쉬워 보이는 책을 구입했다. 그리고 틈틈이 조금씩 읽고 있다.

이제 막 시작한 참이라 어디까지 할 수 있을지 정확히는 모르겠다. 하지만 미지의 세계에 발을 들여 놓았다. 내 삶에 변화가 생긴 것이다. 아직은 작은 변화일 뿐이지만 이 변화가 계기가 되어 한걸음 더 나아갈 수 있었으면 좋겠다.

아마도 이 책을 손에 든 여러분은 나보다 더 현실적인 상황에 놓여 있을 것이다. 새로운 비즈니스를 찾고 있을지도 모르고, 매일 회계나 마케팅 등의 업무를 하고 있을지도 모른다. 그렇기 때문에 여러분의 작은 변화는 나의 변화보다 더 큰 기회로 돌아갈지 모를 일이다. 아무리 작은 변화라도 좋으니 시도해 보기 바란다. 그리고 이 책이 그 변화의 계기가 되었으면 좋겠다.

내가 그은
44개의 밑줄

지금까지 읽은 대략 2만 권의 경제경영서 중에서 44권을 엄선해 각 책에 그은 '밑줄'을 소개하도록 하겠다. 서점 안을 걸어 다니면서 운명의 한 권을 찾는다는 생각으로 페이지를 넘겼으면 좋겠다.

《당신은 뼛속까지 경영자인가》
해럴드 제닌 · 앨빈 모스코우 지음

《BBM》 1호에 게재. '뭔가 할 수 있는 일이 없을까?' 하고
답답해 하느니 목적에서부터 역산해 '일단 한다'라는 행동
력을 배우고 싶다.

책은 첫 페이지부터 읽어 나간다. 그러나 사업 운영은 반대로 한다. 즉
끝에서부터 시작한 다음 최종 목적지에 이르기 위해 필요한 일을 하나
도 남기지 않고 처리한다. (53페이지)

《매니지먼트의 정체》
스티븐 로빈스 지음

경영의 기본적인 사고방식. 직원의 동기가 향상되지 않을
때, 이 3가지 포인트를 짚어 보면 '원인'이 보인다.

요약하자면 많은 직장에서 많은 종업원들이 그들의 노력과 성과 간의
관계가 약하기 때문에 동기의 결핍을 경험하고 있다. (38페이지)

《성공하는 연습 법칙》
더그 레모브 · 에리카 울웨이 · 케이트 예지 지음

능숙해지기 위해서는 부분 연습이 중요하다. 이때 하고 있
는 연습에 구체적인 이름을 붙이면 무엇을 하고 있는지가
명확해지고 보다 능숙하게 할 수 있게 된다.

기술을 분리해서 개별로 연습한다. (85페이지)

《더 골 The Goal》
엘리 골드렛 · 제프 콕스 지음

주어진 업무량을 처리하지 못하면 병목현상이 생기는데,
이 부분을 강화하면 전체 생산성이 올라간다. 이 책에서 이
야기하는 '제약조건이론TOC'의 핵심을 이루는 사고방식.

"알렉스, 이제 자네는 공장 안에 존재하는 두 가지 유형의 자원들을 구
별해내야 할 걸세. 하나는 병목자원Bottleneck resource이고, 다른 하나는
비병목자원Non-bottleneck resource일세." (250페이지)

《피터 드러커 – 매니지먼트》
피터 드러커 지음

'고객창조' 다음으로, 또는 그 이상으로 중요한 요소. 사람이 모이는 조직을 만드는 이유의 근간이라 할 수 있다. 이것이 없다면 조직은 의미가 없다.

누군가를 고용하는 까닭은 그 사람이 지닌 장점과 능력 때문이다. 조직의 목적은 사람의 장점을 생산에 연결시켜 그들의 약점을 중화시키도록하는 데 있다. (109페이지)

《위대한 기업에 투자하라》
필립 피셔 지음

성장주에 투자해서 계속 가지고 있어라. 이 한마디면 된다. 성장만 계속하고 있으면 매가(買價)는 신경 쓸 필요가 없다. 워런 버핏의 생각을 바꾼 말.

예정과는 달리 정말로 뛰어난 기업을 발굴했다면 주식시장이 천장과 바닥을 오가며 출렁거리는 동안에도 계속 보유하는 것이 쌀 때 사서 비쌀 때 팔기 위해 분주하게 온갖 주식을 매매하는 것보다 훨씬 더 많은 사람들에게 훨씬 더 큰 투자수익을 가져다주었다. (40페이지)

《분류사고의 세계》
미나카 노부히로 지음

이름을 붙이는 것으로 새로운 분류가 생기고 때에 따라서
는 새로운 시장도 생긴다.

이름도 없는 것은 처음부터 존재하지 않는다. 반대로 이름만 있으면 '없
는 것'도 '있는 것'이 된다. (52페이지)

《아디다스 vs. 푸마 또 하나의 대리전쟁》
바바라 스미트 지음

물은 위에서 아래로 흐른다. 당연한 이야기지만 스포츠 비
즈니스에서는 '스타 선수'가 '상류'라는 이야기. 비즈니스
성공 조건은 '상류'를 붙잡는 것이다.

도쿄에서의 일은 아주 잘 기억하고 있습니다. 마치 제임스 본드나 미스
터리 영화 같네요. 운동화 제조업체의 에이전트가 화장실에 들어가 독
실에 몰래 봉투를 두고 가면 내가 바로 뒤따라 그 독실에 들어갑니다.
봉투 안을 보면 5달러 지폐나 10달러 지폐로 600~700달러가, 가끔은
몇 천 달러가 들어 있는 경우도 있었습니다. (70페이지)

《'포키'는 왜 프랑스인에게 사랑받는가》
미타무라 후키코 지음

세계 시장에서 비즈니스를 하기 위해 중요한 힌트가 담겨 있다. 오리지널 시장인 일본과는 다른 의미를 붙여서 성공한 좋은 사례. 시장에 맞는 소구 방법이 중요하다.

'미카도'는 '포키'의 유럽판이지만 브랜드 아이덴티티는 '포키'와 천지 차이다. 아시아의 '포키'가 생기발랄, 밝고 활기찬 10대라면 '미카도'는 완전한 성인이다. 맛도 '포키'보다 진하다. (90페이지)

《진화형 비즈니스호텔이 예약을 할 수 없을 정도로 인기 있는 이유》
나가미야 카즈미 지음

비즈니스호텔은 이미 비즈니스맨을 위한 호텔이 아니다. 손님이 단체에서 개인으로 변화하는 것을 관찰하고, '리조트 같은 비즈니스호텔'이라는 발상을 한다면 성공할 수 있다.

예전에는 이런 (시니어나 단카이 세대의) 단체 손님은 시티호텔의 트윈룸이나 트리플룸을 이용했다. 하지만 지금은 가격이 적당한 비즈니스호텔의 싱글룸을 선택한다. 사이가 좋은 친구들이라도 프라이버시를 확보하고 싶다는 생각이 강한 것 같다. (23페이지)

《생각의 책》
야마모토 다카시 지음

일본 기업은 하나의 핵심 가치만을 너무 소구한다. 저자는
자신의 실패 사례도 숨기지 않고 드러내며, 주변에 있는
것을 접목하는 일의 중요성을 설명한다.

모든 사람, 사물, 사실은 다른 무수한 사람, 사물, 사실과 관계를 맺으며
존재하고 있다. 무엇을 한가운데 둘지를 정하는 것은 생각을 하는 작업
에서 가장 중요한 일이다. 하지만 한가운데만 계속 바라보고 있으면 풍
부한 이미지는 만들 수 없다. (76페이지)

《정보의 문명학》
우메사오 다다오 지음

수많은 내용이 현실이 된 명저에 남겨진 마지막 '예언'은
이것이다. 감각기관을 만족시키는 것, 다시 말해 촉감이나
느낌 등을 고집하는 상품에 기회가 온다.

외배엽의 여러 기관 중 가장 두드러진 것은 당연히 뇌신경계나 감각기
관이다. 뇌나 감각기관의 기능 확충이야말로 그 시대를 특징 짓는 중심
과제이다. (43페이지)

《비재 非才》
매슈 사이드 지음

오랜 시간 훈련을 계속하고 있는데도 최고가 되지 못하는 사람들의 문제는 이것이다. '목적'이 명확한 1시간의 훈련이 필요하다고 설명한다. 결과를 내고 있는 사람은 어떻게 훈련하고 있는가에 대한 실제 사례가 많이 소개된다.

1만 시간의 법칙은 남들보다 뛰어남을 나타내는 지표로는 충분하지 않다고 한다. 필요한 것은 1만 시간의 목적성 훈련이다. (102페이지)

《성과의 가시화》
엔도 이사오 지음

말하지 않아도 안다. 이해하려고 하지 않아도 이해한다. 이런 상태가 조직 단위에서 만들어진 곳은 강하다.

가시화의 본질은 '인간이 본래 가지고 있는 책임감과 능동성, 의욕을 믿고, 기업 활동의 다양한 문제와 현상을 드러내 시각에 호소하는 것'이다. (8페이지)

《협상의 법칙》
허브 코헨 지음

이 고객을 위해 이렇게까지 수고를 했기 때문에 '어떻게든 결정하고 싶다'라는 생각이 들게 한다면 승리. 가격을 깎을 때도 상대에게 시간과 노력을 쏟게 할수록 싸게 구입할 수 있다.

최후통첩이 먹혀들게 하는 중요한 요소는 언제나 판매원, 즉 상대방이 들인 시간과 힘의 정도에 비례한다. (48페이지)

《'말하는 방법'의 심리학》
제시 니렌버그 지음

목적을 명확하게 전달하지 않으면 아무리 많은 질문을 해도 좋은 답변이 나오지 않는다. 인터뷰할 때 항상 떠올리고 싶은 말.

어떤 질문을 할 때 왜 그 정보가 필요한지 이유를 말하지 않으면 상대가 불신감을 가지기 쉽다. (29페이지)

《전략의 적은 전략이다》
리처드 루멜트 지음

상대에게 약점을 잡히지 않고 상대의 약점을 이용하며, 나의 강점을 최대한 발휘하는 것이 중요하다. 비즈니스는 물론이고 스포츠 선수에게도 최적의 조언이다.

전략은 상대적 약점에 상대적 강점을 적용하는 것이다. (34페이지)

《하류지향》
우치다 타츠루 지음

영어를 배우는 의미는 외국에 나가 보지 않으면 쉽게 알 수 없다. 교육의 효과는 나중에야 드러나는 법. 목적에 대한 질문에 답하지 않아도 된다. 교육자의 일은 우선 '하게 하는 것'이다.

교육의 역설은, 교육이 제공하는 이익은 자기가 어떤 이익을 받고 있는지 교육이 어느 정도 진행될 때까지, 경우에 따라서는 교육 과정이 끝날 때까지 말할 수 없다는 데 있다. (54페이지)

《'초' 납세법》
노구치 유키오 지음

이 세상에 교육보다 좋은 투자는 없고 교육은 세금도 들지 않는다. 아주 멋진 힌트라고 생각한다.

궁극의 상속세 절세 대책은 교육이다. (106페이지)

《실패에서 성공으로》
프랭크 베트거 지음

상대가 그렇게 하고 싶어지도록 유도할 수 있는 사람이 이긴다. 중반까지 아무리 열심히 노력해도 마무리를 잘 하지 못하면 성과로 이어지지 않는다.

나는 가망고객이 서명할 부분에 항상 굵은 'X'자를 써놓는다. 나는 그냥 그에게 펜을 건네주고 이 X자를 가리키면서 이렇게 말한다. "제가 위에 써놓은 것처럼 여기에 사인을 해주십시오." (270페이지)

《혁신기업의 딜레마》
클레이튼 크리스텐슨 지음

현재 비즈니스에 최적화하는 것만 생각하고 있으면 파괴적인 이노베이션이 등장했을 때 순식간에 자리를 잃는다. 바꿔 말하면 신규 참여자에게는 항상 기회가 있다는 뜻이다.

고객의 목소리에 경청하고, 고객이 원하는 더 나은 제품을 만들 수 있는 신기술 개발에 공격적으로 투자하고, 시장동향을 면밀히 살피면서 더 나은 수익을 약속하는 혁신에 자본을 투자했기 때문에 그들이 선도적 지위를 상실했다고 말하는 것이 정확하다. (14페이지)

《성장과 혁신》
클레이튼 크리스텐슨 · 마이클 레이너 지음

이것을 하지 않으면 기존 기업은 신규 참여자의 파괴적인 혁신을 이길 수 없다. 하지만 지금까지의 자신을 부정해야만 하므로, 그렇게 간단한 문제는 아니다.

기업들은 단지 새로운 비용구조의 새로운 사업단위를 시작하는 것만으로도 새로운 우선순위 기준이나 가치를 창출할 수 있다. (269페이지)

《마케팅 관리론》
필립 코틀러 · 케빈 레인 켈러 지음

이 두꺼운 책에 한 줄을 긋는다면 바로 이 부분. '사고 싶어
지는 구조'를 만드는 것이 마케팅의 역할이다. '판매'를 하
지 않는 회사의 종업원은 피폐하지 않다.

마케팅의 목표는 판매가 필요 없게 만드는 것이다. (7페이지)

《오레노 식당》
사카모토 다카시 지음

'오레노…' 비즈니스의 본질은 서서 먹는 것이 아니다. 빠
른 회전률 덕분에 경이적으로 높은 원가율(좋은 식재료)을 감
당하게 되었고, 이를 통해 음식의 '맛'이 보장되었다.

각 지점의 규모는 15~20평 정도인데, 모든 지점의 1일 테이블 회전율이
3회 이상으로 월 매출 1,200만~1,900만 엔을 올리는 등 날로 번창하
고 있다. 요리 원가율은 60퍼센트가 넘지만, 서서 먹는 형태여서 테이블
회전율이 빠른 덕분에 지금까지의 상식으로는 전혀 기대할 수 없는 수
치의 실적을 올릴 수 있었던 것이다. (21페이지)

《결산서가 술술 읽히는 재무3표 일체 이해법》
구니사다 가쓰노리 지음

왜 지금까지 회계를 이해하기 힘들었는지 이 한 문장이 말해 준다. 재무3표가 무엇을 나타내고 있고 사업 활동을 통해 어떻게 변화, 연동되는지 그려 볼 수 있다.

흥미로운 점은 이 세 가지 표에 '흐름이 있다'는 사실이다. 이러한 흐름, 즉 연관성이 바로 회계시스템이다. 회계를 공부한 사람조차 회계를 어렵게 여기는 이유 중 하나는 이 세 가지 표가 서로 어떻게 연관되는지 이해하지 못했기 때문이다. (14페이지)

《히스토리가 되는 스토리 경영》
구스노키 겐 지음

스토리를 통해 경쟁 우위를 높이는 법이 담겨 있다. 아마존 외에도 다수의 스토리를 사례로 들어 설명한다.

전자상거래를 통해서만 느낄 수 있는, 혹은 아마존에서만 접할 수 있는 독특한 구매경험을 고객에게 제공한다. 그러면 트래픽이 증가한다. 사람들이 많이 찾는 사이트가 되면 그만큼 많은 판매자를 끌어모을 수 있다. 그러면 제품 종류가 다양해진다. 이것이 고객의 구매 경험을 더욱 충실하게 만들어 트래픽이 또 증가한다. 이런 선순환의 논리다. (61페이지)

《포지셔닝》
잭 트라우트 · 알 리스 지음

포지셔닝의 목표는 '구멍'이다, 그 장르의 제품이 취하지 않은 새로운 포지션을 공격하는 것이 성공으로 이어진다.

'작게 생각하라' 이 광고는 폭스바겐의 포지션을 극명하게 나타내며 폭스바겐 광고 역사상 가장 큰 효과를 거두었다. 단 두 마디로 된 이 헤드라인은 폭스바겐의 포지션을 천명했을 뿐만 아니라, 클수록 좋다고 여기는 잠재 고객의 사고에 도전한 것이다. (85페이지)

《경영 불변의 법칙》
알 리스 지음

라인 확대에만 신경 쓰면 결국 자원이 분산돼 실패의 원인이 된다. 원래의 브랜드를 강하게 만들어 가는 것이 중요하다.

브랜드는 숲에 가서 아무 사냥감이나 마구잡이로 잡아도 되는 사냥허가증이 아니라 계속 깎고 연마해야 하는 다이아몬드라는 점이다. (44페이지)

《더 카피라이팅》
존 케이플즈 지음

카피는 말이 아니라 애당초 '무엇을 소구하는가'가 중요하다는 것. 카피를 쓰기보다 소구 포인트를 찾는 데에 시간을 들이는 편이 낫다.

상대의 흥미를 끄는 소구 포인트는 여러 가지라고 생각하기 쉽지만, 딱 들어맞는 소구 포인트는 하나밖에 없다. (44페이지)

《Cool 뇌는 왜 '멋진 것'을 사버리는가》
스티븐 쿼츠 · 아네트 아스프 지음

나도 모르게 사각형으로 묶은 문장. 예전에는 고급, 고가가 쿨하다 여겨졌지만, 지금은 찾기 어렵고 숨겨져 있는 것이 쿨하다. 쉽게 찾을 수 있게 된 순간 '쿨'한 것이 아닌 게 된다.

지금의 쿨한 상품은 가격이 아니라 정보비용이 높은 숨겨진 신호를 사용하고 있다. (316페이지)

《신호와 소음》
네이트 실버 지음

결국 예측에는 가장 최근의 데이터가 쓰인다는 말이다. 그러기 때문에 결단은 아슬아슬할 때까지 기다렸다가 내려야 하고, 버티는 구조를 만든 쪽이 이긴다.

여론조사는 선거일이 가까워질수록 정확해진다. (118페이지)

《재무 관리의 원칙》
리처드 브릴리 · 스튜어트 마이어스 · 프랭클린 앨런 지음

당장의 결과만을 좇아서는 새로운 사업을 할 수 없다. 장기적인 리턴에 주목하는 것이 중요하다. 재무는 결국 의사결정을 위한 도구다.

프로젝트의 가치는 프로젝트를 채용하는 것으로 얻을 수 있는 모든 추가적인 현금 흐름에 의해 정해진다. (137페이지)

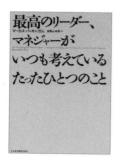

《최고의 리더, 매니저가 항상 생각하고 있는 한 가지》
마커스 버킹엄 지음

리더와 관리자를 제대로 구분해 명쾌하게 풀어 쓴 명언.
나는 어떻게 행동해야 하는가, 나는 어느 쪽인가, 리더는
왜 난폭한가에 대해 이해할 수 있다.

관리자의 출발점은 직원 개개인이다. 관리자는 자질, 기술, 지식, 경험,
그리고 목표를 통해 개인이 성공할 수 있는 특정한 미래를 고안한다. 직
원의 성공이 관리자의 중점 영역이다. 리더는 미래에 대한 이미지에서
출발한다. 더 나은 미래를 구체적으로 밝히고 실현시킨다. (35페이지)

《좋은 기업을 넘어 위대한 기업으로》
짐 콜린스 지음

좋은 기업은 결코 위대한 기업이 될 수 없다. 위대해질 각오
를 하지 않는 기업은 성장할 수 없다. 사람도 마찬가지다.

좋은 것은 큰 것, 거대하고 위대한 것의 적이다. (19페이지)

《완전한 경영》
에이브러햄 매슬로 지음

개인의 자기계발적인 삶의 방식론뿐만 아니라 조직이나 기업에도 적용되는 원칙. 매슬로의 책 중에서 그리 대중적인 편은 아니지만 숨겨진 팬이 많은 책이다.

세간에서 가치 있다고 여겨지는 것을 자기 내부로 집어 넣는 것으로 그 사람은 가치가 있는 인간으로 성장한다. (15페이지)

《도요타 생산방식》
오노 다이이치 지음

아래의 7가지에 대해 깊게 생각해 보면 대부분의 기업에서 얼마나 많은 낭비가 있는지 알 수 있다. 실제로 도요타 생산방식을 만들어 낸 저자의 체크 리스트에는 큰 가치가 있다.

(1) 과잉 생산의 낭비 (2) 기다림의 낭비 (3) 운반의 낭비 (4) 가공 그 자체의 낭비 (5) 재고의 낭비 (6) 동작의 낭비 (7) 불량품을 만드는 낭비 (38페이지)

《맨큐의 경제학》
그레고리 맨큐 지음

방대한 경제학의 성과에서 우선 하나만 배운다면 바로 이 것이다. 완전경쟁시장을 만들어 싸게 사는 존재가 되어야 한다.

경쟁시장competitive market(완전경쟁시장이라고도 함)에는 다음과 같은 두 가지 특징이 있다.

· 수많은 수요자와 공급자가 존재한다.
· 공급자들이 공급하는 물건이 거의 동일하다. (330페이지)

《유쾌한 이노베이션》
톰 켈리 · 조너선 리트먼 지음

내가 경영하고 있는 회사의 직원에게도 나눠 줬던 책. 혁신을 일으키고 창의적인 일을 하고 싶다면 먼저 소비자 행동 관찰부터 시작하는 것이 좋다.

IDEO가 남다른 기업인 이유도 우리가 관찰하기 위해 분발하고 있다는 점에 있다. 또한 우리는 어떻게 하면 관찰의 질을 높일 수 있을까에 대해서도 항상 고민한다. (39페이지)

《USJ를 극적으로 바꾼 단 한 가지 생각》
모리오카 츠요시 지음

USJ의 센터 핀을 나타내는 한 문장. 항상 센터 핀이 무엇인가를 찾으면서 읽으면 보다 넓은 관점으로 경제경영서를 읽을 수 있다.

회사에서 마케팅에 기대하는 첫 번째 일은 가장 윗줄(매출액)을 크게 늘리는 것이다. (중략) 테마파크의 가장 윗줄의 최대 요소인 '집객수'를 어떻게 늘려야 할까? (16페이지)

《세이조 이시이 창업》
이시이 요시아키 지음

소매업의 센터 핀이 '구비 상품'이라는 사실을 알 수 있다. 창업 당시 경영자가 독자적인 기준으로 고른 상품이 세이조 이시이 브랜드를 만들었다. 창업의 노하우가 고스란히 실려 있는 책이다.

내가 한 일은 ABC 분석으로 말하자면, A등급의 상품을 중시하지 않고 B, C등급의 상품을 팔려고 한 것이다. 다시 말해, ABC를 병렬로 놓았다. 희소가치는 있지만 많이 팔리지 않는 상품 C를 많이 팔았더니 상품 C를 사러 온 손님이 다른 상품도 같이 사게 된 것이다. (70페이지)

《유니참식 나를 성장시키는 기술》
다카하라 다카히사 지음

요즘은 빠른 것이 이긴다. 글로벌 시장에서 승자가 된 유니참은 어떻게 단기간에 인재를 교육하고 조직을 빨리 성장시켰을까? 이에 대한 힌트로 가득한 책이다.

지금의 비즈니스 환경에서는 큰 것이 작은 것을 이기는 것이 아니라 빠른 것이 느린 것을 이긴다고 나는 생각하고 있다. (2페이지)

《작은 회사 ★ 돈 버는 법칙》
다케다 요이치 · 카야노 카츠미 지음

전략은 고객에게서 멀어져서는 안 된다는 란체스터식 기업 설립의 마음가짐을 다룬다. '앤소프의 매트릭스'를 평이한 표현으로 바꿔 말했다고도 할 수 있다.

'상품도 고객도 같다. 게다가 그것을 좋아한다'라고 할 때 가장 성공확률이 높다. 상품은 다르지만 고객은 같다. 이럴 때 두 번째로 성공 확률이 높다. (65페이지)

《'호불호'와 경영》
구스노키 겐 지음

'호불호'는 궁극의 차별화. 다른 사람은 쉽게 흉내 내거나 추종할 수 없다. 비즈니스에서 이기려면 나에게는 '간단하고 좋아하는 것'을, 다른 사람에게는 '어렵고 싫어하는 것'을 하면 된다.

무엇이 경영자의 동기를 형성하는가? 바로 그 사람의 '호불호'라고 생각한다. '좋고 나쁨'이 아니다. (6페이지)

《게임의 변혁자》
앨런 조지 래플리 · 램 차란 지음

프록터앤드갬블의 사례를 중심으로 어떻게 혁신이 이루어졌는지 관찰해서 기술한 책. 이 한 줄의 메시지를 구체화해 상품개발이나 판매에 어떻게 적용했는지가 담겨 있는 책이다.

고객의 드러난 니즈와 드러나지 않은 니즈를 모두 알 때 위대한 혁신이 이루어진다. (64페이지)

《**당신은 뼛속까지 경영자인가**》Managing, 해럴드 제닌Harold Geneen · 앨빈 모스코우Alvin Moscow, 지
식공간

《**매니지먼트의 정체**》The truth about managing people...and nothing but the truth, 스티븐 로빈스Stephen P.
Robbins, 국내 미출간

《**성공하는 연습 법칙**》Practice perfect, 더그 레모브Doug Lemov · 에리카 울웨이Erica Woolway · 케이
트 예지Katie Yezzi, 국내 미출간

《**더 골 The Goal**》The goal, 엘리 골드렛Eliyahu M. Goldratt · 제프 콕스Jeff Cox, 동양북스

《**피터 드러커-매니지먼트**》Management, 피터 드러커Peter Ferdinand Drucker, 청림출판

《**위대한 기업에 투자하라**》Common stocks and uncommon profits, 필립 피셔Philip Fisher, 굿모닝북스

《**분류사고의 세계**》分類思考の世界, 미나카 노부히로三中 信宏, 국내 미출간

《**아디다스 vs. 푸마 또 하나의 대리전쟁**》Drei streifen gegen Puma, 바바라 스미트Barbara Smit, 국내 미출간

《**'포키'는 왜 프랑스인에게 사랑받는가**》「ポッキー」はなぜフランス人に愛されるのか?, 미타무라 후키코三田村
蒔子, 국내 미출간

《**진화형 비즈니스호텔이 예약을 할 수 없을 정도로 인기 있는 이유**》進化系ビジネスホテルが、予約がとれない
ほど人気なワケ, 나가미야 카즈미永宮 和美, 국내 미출간

《**생각의 책**》案本, 야마모토 다카시山本 高史, 국내 미출간

《**정보의 문명학**》情報の文明学, 우메사오 다다오梅棹 忠夫, 국내 미출간

《**비재 非才**》Bounce, 매슈 사이드Matthew Syed, 국내 미출간

《**성과의 가시화**》見える化, 엔도 이사오遠藤 功, 다산북스

《**협상의 법칙**》You can negotiate anything, 허브 코헨Herb Cohen, 청년정신

《**'말하는 방법'의 심리학**》Getting through to people, 제시 니렌버그Jesse S. Nirenberg, 국내 미출간

《**전략의 적은 전략이다**》Good strategy, bad strategy, 리처드 루멜트Richard P. Rumelt, 생각연구소

《**하류지향**》下流志向, 우치다 타츠루内田 樹, 민들레

《**'초' 납세법**》「超」納税法, 노구치 유키오野口 悠紀雄, 국내 미출간

《**실패에서 성공으로**》How I raised myself from failure to success in selling, 프랭크 베트거Frank Bettger, 씨
앗을뿌리는사람

《**혁신기업의 딜레마**》The innovator's dilemma, 클레이튼 크리스텐슨Clayton M. Christensen, 세종서적

《**성장과 혁신**》The inivator's solution, 클레이튼 크리스텐슨 · 마이클 레이너Michael E. Raynor, 세종서적

《**마케팅 관리론**》Marketing management, 필립 코틀러Philip Kotler · 케빈 레인 켈러Kevin Lane Keller, 국

국내 미출간

《오레노 식당》俺のイタリアン俺のフレンチ, 사카모토 다카시坂本孝, 문학수첩

《결산서가 술술 읽히는 재무3표 일체 이해법》決算書がスラスラわかる 財務3表一身理解法, 구니사다 가쓰노리
國貞克則, 국내 미출간

《히스토리가 되는 스토리 경영》ストーリーとしての競爭戰略, 구스노키 겐楠木建, 자음과모음

《포지셔닝》Positioning, 잭 트라우트Jack Trout · 알 리스Al Ries, 을유문화사

《경영 불변의 법칙》Focus, 알 리스Al Ries, 비즈니스맵

《더 카피라이팅》Tested advertising methods, 존 케이플즈John Caples, 국내 미출간

《Cool 뇌는 왜 '멋진 것'을 사버리는가》Cool, 스티븐 퀴츠Steven Quartz · 아네트 아스프Anette Asp, 국
내 미출간

《신호와 소음》The signal and the noise, 네이트 실버Nate Silver, 더퀘스트

《재무 관리의 원칙》Principles of corporate finance, 리처드 브릴리Richard A. Brealey · 스튜어트 마이어스
Stewart C. Myers · 프랭클린 앨런Franklin Allen, 국내 미출간

《최고의 리더, 매니저가 항상 생각하고 있는 한 가지》The one thing you need to know, 마커스 버킹엄
Marcus Buckingham, 국내 미출간

《좋은 기업을 넘어 위대한 기업으로》Good to great, 짐 콜린스James C. Collins, 김영사

《완전한 경영》Maslow on management, 에이브러햄 매슬로Abraham H. Maslow, 국내 미출간

《도요타 생산방식》トヨタ生産方式, 오노 다이이치大野 耐一, 국내 미출간

《맨큐의 경제학》Principles of economics, 그레고리 맨큐N. Gregory Mankiw, 센게이지러닝

《유쾌한 이노베이션》The art of innovation, 톰 켈리Tom Kelly · 조너선 리트먼Jonathan Littman, 세종서적

《USJ를 극적으로 바꾼 단 한 가지 생각》USJを劇的に変えた、たった1つの考え方, 모리오카 츠요시森岡 毅, 국
내 미출간

《세이조 이시이 창업》成城石井の創業, 이시이 요시아키石井 良明, 국내 미출간

《유니참식 나를 성장시키는 기술》ユニ・チャーム式 自分を成長させる技術, 다카하라 다카히사高原 豪久, 국내
미출간

《작은 회사 ★ 돈 버는 법칙》小さな会社★儲けのルール, 다케다 요이치竹田陽一 · 카야노 카츠미栢野克己, 국
내 미출간

《'호불호'와 경영》「好き嫌い」と経営, 구스노키 겐楠木建, 국내 미출간

《게임의 변혁자》The game changer, 앨런 조지 래플리A. G Lafley · 램 차란Ram Charan, 국내 미출간

당신은
책 어디에
밑줄을 긋는가